DESCUBRE 1A

Lengua y cultura del mundo hispán...

MW00629947

Cuaderno de práctica y actividades comunicativas

VISTA®
HIGHER LEARNING

© by Vista Higher Learning, Inc. All rights reserved.

Student Text ISBN: 978-1-68004-541-3

5 6 7 8 9 PP 21 20 19

Table of Contents

Lección 1   1

Lección 2   29

Lección 3   61

Repaso: Lecciones 1–3   93

Lección 4   95

contextos

Lección 1

1 **Saludos** For each question or expression, write the appropriate answer from the box in each blank.

De nada.	Encantada.	Muy bien, gracias.	Nos vemos.
El gusto es mío.	Me llamo Pepe.	Nada.	Soy de Argentina.

1. ¿Cómo te llamas? _____

2. ¿Qué hay de nuevo? _____

3. ¿De dónde eres? _____

4. Adiós. _____

5. ¿Cómo está usted? _____

6. Mucho gusto. _____

7. Te presento a la señora Díaz. _____

8. Muchas gracias. _____

2 **Conversación** Complete this conversation by writing one word in each blank.

ANA Buenos días, señor González. ¿Cómo (1) _____ (2)_____?

SR. GONZÁLEZ (3)_____ bien, gracias. ¿Y tú, (4)_____ estás?

ANA Regular. (5)_____ presento a Antonio.

SR. GONZÁLEZ Mucho (6)_____, Antonio.

ANTONIO El gusto (7)_____ (8)_____.

SR. GONZÁLEZ ¿De dónde (9)_____, Antonio?

ANTONIO (10)_____ (11)_____ México.

ANA (12)_____ luego, señor González.

SR. GONZÁLEZ Nos (13)_____, Ana.

ANTONIO (14)_____, señor González.

3 **Los países** Fill in the blanks with the Spanish name of the country that is highlighted in each map.

1. _____   2. _____

© by Vista Higher Learning, Inc. All rights reserved.   **Lección 1 Contextos** Activities

Lección 1

4 **Saludos, despedidas y presentaciones** Complete these phrases with the missing words. Then write each phrase in the correct column of the chart.

1. ¿_____ pasa?

2. _____ luego.

3. _____ gusto.

4. Te _____ a Irene.

5. ¿_____ estás?

6. _____ días.

7. El _____ es mío.

8. Nos _____.

Saludos	Despedidas	Presentaciones

5 **Diferente** Write the word or phrase that does not belong in each group.

1. Hasta mañana.
   Nos vemos.
   Buenos días.
   Hasta pronto.

   _____

2. ¿Qué tal?
   Regular.
   ¿Qué pasa?
   ¿Cómo estás?

   _____

3. Puerto Rico
   Washington
   México
   Estados Unidos

   _____

4. Muchas gracias.
   Muy bien, gracias.
   No muy bien.
   Regular.

   _____

5. ¿De dónde eres?
   ¿Cómo está usted?
   ¿De dónde es usted?
   ¿Cómo se llama usted?

   _____

6. Chau.
   Buenos días.
   Hola.
   ¿Qué tal?

   _____

    © by Vista Higher Learning, Inc. All rights reserved.

contextos

1 **Identificar** You will hear six short exchanges. For each one, decide whether it is a greeting, an introduction, or a leave-taking. Mark the appropriate column with an **X**.

> **modelo**
> *You hear:* RAQUEL David, te presento a Paulina.
> DAVID Encantado.
> *You mark:* an **X** under *Introduction*.

	Greeting	*Introduction*	*Leave-taking*
Modelo	_____	**X**	_____
1.	_____	_____	_____
2.	_____	_____	_____
3.	_____	_____	_____
4.	_____	_____	_____
5.	_____	_____	_____
6.	_____	_____	_____

2 **Asociar** You will hear three conversations. Look at the drawing and write the number of the conversation under the appropriate group of people.

3 **Preguntas** Listen to each question or statement and respond with an answer from the list. Repeat the correct response after the speaker.

a. Bien, gracias.
b. Chau.
c. Lo siento.
d. Mucho gusto.
e. Nada.
f. Soy de los Estados Unidos.

Bienvenida, Marissa Lección 1

Antes de ver el video

1

¡Mucho gusto! In this episode, Marissa will be meeting the **familia Díaz** for the first time. Look at the image and write down what you think Marissa, Mrs. Díaz, and Mr. Díaz are saying.

_____
_____
_____
_____
_____
_____

Mientras ves el video

2

Completar Watch **Bienvenida, Marissa** and fill in the blanks in the following sentences.

SRA. DÍAZ ¿(1)_____ hora es?

MARISSA (2)_____ las cuatro menos diez.

DON DIEGO Buenas tardes, (3)_____. Señorita, bienvenida a la Ciudad de México.

MARISSA ¡Muchas gracias! Me (4)_____ Marissa.
¿(5)_____ se llama usted?

DON DIEGO Yo soy Diego, mucho (6)_____.

MARISSA El gusto es (7)_____, don Diego.

DON DIEGO ¿Cómo (8)_____ usted hoy, señora Carolina?

SRA. DÍAZ Muy bien, gracias, ¿y (9)_____?

DON DIEGO Bien, (10)_____.

SRA. DÍAZ Ahí hay (11)_____ maletas. Son de Marissa.

DON DIEGO Con (12)_____.

3

¿Cierto o falso? Indicate whether each statement is **cierto** or **falso**.

	Cierto	Falso
1. Marissa es de Wisconsin.	O	O
2. Jimena es profesora.	O	O
3. La señora Díaz es de Cuba.	O	O
4. Felipe es estudiante.	O	O
5. El señor Díaz es de la Ciudad de México.	O	O
6. Marissa no tiene (*doesn't have*) diccionario.	O	O

  © by Vista Higher Learning, Inc. All rights reserved.

Después de ver el video

4 **¿Quién?** Write the name of the person who said each of the following sentences.

1. Ellos son estudiantes. _____

2. Son las cuatro y veinticinco. _____

3. Hasta luego, señor Díaz. _____

4. La chica de Wisconsin. _____

5. Bienvenida, Marissa. _____

6. Nosotros somos tu diccionario. _____

7. Hay... tres cuadernos... un mapa... un libro de español... _____

8. Marissa, te presento a Roberto, mi esposo. _____

9. De nada. _____

10. Lo siento, Marissa. _____

11. ¿Cómo se dice mediodía en inglés? _____

12. No hay de qué. _____

13. ¿Qué hay en esta cosa? _____

14. ¿Quiénes son los dos chicos de las fotos? ¿Jimena y Felipe? _____

15. Gracias, don Diego. _____

5 **Ho, ho, hola...** Imagine that you have just met the boy or girl of your dreams, and that person speaks only Spanish! Don't be shy! Write what the two of you would say in your first conversation.

_____

_____

_____

_____

_____

6 **En la clase** Imagine that you are in Mexico studying Spanish. Write the conversation you have with your Spanish teacher on the first day you attend school.

_____

_____

_____

_____

_____

_____

© by Vista Higher Learning, Inc. All rights reserved.

Lección 1

pronunciación   **Lección 1**

The Spanish alphabet

The Spanish and English alphabets are almost identical, with a few exceptions. For example, the Spanish letter **ñ (eñe)** doesn't occur in the English alphabet. Furthermore, the letters **k (ka)** and **w (doble ve)** are used only in words of foreign origin. Examine the chart below to find other differences.

Letra	Nombre(s)	Ejemplo(s)	Letra	Nombre(s)	Ejemplo(s)
a	a	**a**diós	n	ene	**n**acionalidad
b	be	**b**ien, pro**b**lema	ñ	eñe	ma**ñ**ana
c	ce	**c**osa, **c**ero	o	o	**o**nce
ch	che	**ch**ico	p	pe	**p**rofesor
d	de	**d**iario, na**d**a	q	cu	**q**ué
e	e	**e**studiante	r	ere	**r**egular, seño**r**a
f	efe	**f**oto	s	ese	**s**eñor
g	ge	**g**racias, **G**erardo, re**g**ular	t	te	**t**ú
h	hache	**h**ola	u	u	**u**sted
i	i	**i**gualmente	v	ve	**v**ista, nue**v**o
j	jota	**J**avier	w	doble ve	*walkman*
k	ka, ca	**k**ilómetro	x	equis	e**x**istir, Mé**x**ico
l	ele	**l**ápiz	y	i griega, ye	**y**o
ll	elle	**ll**ave	z	zeta, ceta	**z**ona
m	eme	**m**apa			

1   **El alfabeto**   Repeat the Spanish alphabet and example words after the speaker.

2   **Práctica**   When you hear the number, say the corresponding word aloud and then spell it. Then listen to the speaker and repeat the correct response.

1. nada	6. por favor	11. Javier
2. maleta	7. San Fernando	12. Ecuador
3. quince	8. Estados Unidos	13. Maite
4. muy	9. Puerto Rico	14. gracias
5. hombre	10. España	15. Nueva York

3   **Dictado**   You will hear six people introduce themselves. Listen carefully and write the people's names as they spell them.

1. _____
2. _____
3. _____
4. _____
5. _____
6. _____

© by Vista Higher Learning, Inc. All rights reserved.

Audio Activities

estructura

1.1 Nouns and articles

1 **¿Masculino o femenino?** Write the correct definite article before each noun. Then write each article and noun in the correct column.

_____ hombre   _____ pasajero   _____ chico

_____ profesora   _____ mujer   _____ pasajera

_____ chica   _____ conductora   _____ profesor

Masculino	Femenino
_____	_____
_____	_____
_____	_____
_____	_____
_____	_____

2 **¿El, la, los o las?** Write the correct definite article before each noun.

1. _____ autobús   6. _____ mano
2. _____ maleta   7. _____ país
3. _____ lápices   8. _____ problema
4. _____ diccionario   9. _____ cosas
5. _____ palabras   10. _____ diarios

3 **Singular y plural** Transform the singular elements into plural, and the plural into singular.

1. unas fotografías _____   6. unas escuelas _____
2. un día _____   7. unos videos _____
3. un cuaderno _____   8. un programa _____
4. unos pasajeros _____   9. unos autobuses _____
5. una computadora _____   10. una palabra _____

4 **Las cosas** For each picture, provide the noun with its corresponding definite and indefinite articles.

1. _____   2. _____   3. _____   4. _____

© by Vista Higher Learning, Inc. All rights reserved.

estructura

1.1 Nouns and articles

1 **Identificar** You will hear a series of words. Decide whether the word is masculine or feminine, and mark an **X** in the appropriate column.

> **modelo**
>
> *You hear:* lección
> *You mark:* an **X** under *Feminine*.

	Masculine	**Feminine**
Modelo	_____	X _____
1.	_____	_____
2.	_____	_____
3.	_____	_____
4.	_____	_____
5.	_____	_____
6.	_____	_____
7.	_____	_____
8.	_____	_____

2 **Transformar** Change each word from the masculine to the feminine. Repeat the correct answer after the speaker. (*6 items*)

> **modelo**
>
> el chico
> la chica

3 **Cambiar** Change each word from the singular to the plural. Repeat the correct answer after the speaker. (*8 items*)

> **modelo**
>
> una palabra
> unas palabras

4 **Completar** Listen as Silvia reads her shopping list. Write the missing words.

_____ diccionario

un _____

_____ cuadernos

_____ mapa de _____

_____ lápices

     © by Vista Higher Learning, Inc. All rights reserved.

1.2 Numbers 0–30

1 **Los números** Solve the math problems to complete the crossword puzzle.

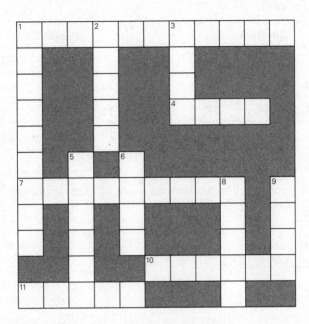

Horizontales

1. veinte más cinco
4. veintiséis menos quince
7. treinta menos catorce
10. veinticinco menos veintiuno
11. once más dos

Verticales

1. once más once
2. seis más tres
3. trece menos trece
5. doce más ocho

6. veintinueve menos diecinueve
8. veintitrés menos dieciséis
9. siete más uno

2 **¿Cuántos hay?** Write questions that ask how many items there are. Then answer the questions by writing out the numbers.

> *modelo*
>
> 2 cuadernos
> ¿Cuántos cuadernos hay? Hay dos cuadernos.

1. 3 diccionarios _____

2. 12 estudiantes _____

3. 10 lápices _____

4. 7 maletas _____

5. 25 palabras _____

6. 21 países _____

7. 13 escuelas _____

8. 18 pasajeros _____

9. 15 computadoras _____

10. 27 fotografías _____

© by Vista Higher Learning, Inc. All rights reserved.   **Lección 1 Estructura** Activities   **9**

1.2 Numbers 0–30

1 **¡Bingo!** You are going to play two games (**juegos**) of bingo. As you hear each number, mark it with an **X** on your bingo card.

Juego 1		
1	3	5
29	25	6
14	18	17
9	12	21

Juego 2		
0	30	27
10	3	2
16	19	4
28	22	20

2 **Números** Use the cue to tell how many there are of each item. Repeat the correct response after the speaker.

> **modelo**
> *You see:* 18 chicos
> *You say:* dieciocho chicos

1. 15 lápices
2. 4 computadoras
3. 8 cuadernos

4. 22 días
5. 9 lecciones
6. 30 fotos

7. 1 palabra
8. 26 diccionarios
9. 12 países

10. 3 problemas
11. 17 escuelas
12. 25 turistas

3 **Completar** You will hear a series of math problems. Write the missing numbers and solve the problems.

1. _____ + _____11_____ = _____

2. _____ − _____5_____ = _____

3. _____8_____ + _____ = _____

4. _____ − _____12_____ = _____

5. _____3_____ + _____ = _____

6. _____ + _____0_____ = _____

4 **Preguntas** Look at the drawing and answer each question you hear. Repeat the correct response after the speaker. (*6 items*)

© by Vista Higher Learning, Inc. All rights reserved.

estructura 1.2

Estudiante 1

Sopa de letras (*Word search*) You have half of the words in the wordsearch, and your partner has the other half. To complete it, pick a number and a letter and say them to your partner. If he or she has a letter in the corresponding space, he or she must tell you. Write down the letter your partner tells you in the corresponding space and go again. If there is no letter in the space you asked about, your partner should say **cero** and take a turn. Follow the model and continue until you have all six words. The words can be read horizontally, diagonally, or vertically. Your partner starts.

> **modelo**
> **Estudiante 2:** 8D
> **Estudiante 1:** *cero.* 9F
> **Estudiante 2:** jota
> You write down J in box 9F and play on.

Clue: All six words are connected.

	1	2	3	4	5	6	7	8	9	10	11
A	C										
B		O				C			P		
C			M			A			A		
D				P		P			S		
E					U	I			A		
F						T			J		
G						A	A		E		
H						L		D	R		
I									O		
J										R	
K											A

Now that you have the six words, group them in these three categories. Compare your results with your partner's.

Personas   **Cosas**   **Lugares (*Places*)**

_____   _____   _____

_____   _____   _____

© by Vista Higher Learning, Inc. All rights reserved.   **Lección 1** Communication Activities   **11**

estructura 1.2

Estudiante 2

Sopa de letras (*Word search*) You have half of the words in the wordsearch, and your partner has the other half. To complete it, pick a number and a letter and say them to your partner. If he or she has a letter in the corresponding space, he or she must tell you. Write down the letter your partner tells you in the corresponding space and go again. If there is no letter in the space you asked about, your partner should say **cero** and take a turn. Follow the model and continue until you have all six words. The words can be read horizontally, diagonally, or vertically. You start.

> **modelo**
> **Estudiante 2:** *8D*
> **Estudiante 1:** *cero. 1G*
> **Estudiante 2:** *ene*
> *You write down* N *in box 1G and play on.*

Clue: All six words are connected.

	1	2	3	4	5	6	7	8	9	10	11
A	C	O	N	D	U	C	T	O	R		
B	U										
C	A										
D	D										
E	E										
F	R										
G	N										
H	O										
I											
J											
K					E	S	C	U	E	L	A

Now that you have the six words, group them in these three categories. Compare your results with your partner's.

Personas   **Cosas**   **Lugares (*Places*)**

_____   _____   _____

_____   _____   _____

© by Vista Higher Learning, Inc. All rights reserved.

1.3 Present tense of ser

1 **Los pronombres** In the second column, write the subject pronouns that you would use when addressing the people listed in the first column. In the third column, write the pronouns you would use when talking about them. The first item has been done for you.

Personas	Addressing them	Talking about them
1. el señor Díaz	usted	él
2. Jimena y Marissa		
3. Maru y Miguel		
4. la profesora		
5. un estudiante		
6. el director de una escuela		
7. tres chicas		
8. un pasajero de autobús		
9. Juan Carlos y Felipe		
10. una turista		

2 **Nosotros somos...** Rewrite each sentence with the new subject. Change the verb **ser** as necessary.

modelo
Ustedes son profesores.
Nosotros *somos profesores.*

1. Nosotros somos estudiantes. Ustedes _____.

2. Usted es de Puerto Rico. Ella _____.

3. Nosotros somos conductores. Ellos _____.

4. Yo soy turista. Tú _____.

5. Ustedes son de México. Nosotras _____.

6. Ella es profesora. Yo _____.

7. Tú eres de España. Él _____.

8. Ellos son pasajeros. Ellas _____.

3 **¡Todos a bordo! (All aboard!)** Complete Jorge's introduction of his travelling companions with the correct forms of **ser**.

Hola, me llamo Jorge y (1)_____ de Cuba. Pilar y Nati (2)_____ de España. Pedro, Juan y Paco (3)_____ de México. Todos nosotros (4)_____ estudiantes. La señorita Blasco (5)_____ de San Antonio. Ella (6)_____ la profesora. Luis (7)_____ el conductor. Él (8)_____ de Puerto Rico. Ellos (9)_____ de los Estados Unidos. El autobús (10)_____ de la agencia Marazul. Todos nosotros (11)_____ pasajeros de la agencia de viajes Marazul. Perdón, ¿de dónde (12)_____ tú, quién (13)_____ ella y de quién (14)_____ las maletas?

Lección 1

4 **¿De quién es?** Use **ser** + **de** (or **del**) to indicate that the object belongs to the person or people listed.

> *modelo*
> nombre / el pasajero
> **Es el nombre del pasajero.**

1. diccionario / el estudiante _____
2. cuadernos / las chicas _____
3. mano / Sara _____
4. maletas / la turista _____
5. computadoras / los profesores _____
6. autobús / el conductor _____
7. lápices / la joven _____
8. fotografía / los chicos _____
9. computadora / la directora _____
10. país / David _____

5 **¿De dónde son?** Use **ser** + **de** to indicate where the people are from.

> *modelo*
> Ustedes / Costa Rica
> **Ustedes son de Costa Rica.**

1. Lina y María / Colombia _____
2. El profesor / México _____
3. Tú y los jóvenes / Argentina _____
4. Las estudiantes / Estados Unidos _____
5. Ellos / Canadá _____
6. La mujer / Puerto Rico _____
7. Los turistas / España _____
8. Él y yo / Chile _____
9. Nosotras / Cuba _____
10. Usted / Venezuela _____

6 **¿De quién?** Write questions for these answers using the correct interrogative words from the list.

> *modelo*
> **¿De dónde son ellos?**
> **Ellos son de España.**

cómo	dónde	de quién(es)	por qué
cuándo	de dónde	qué	quién(es)

1. _____
   Los lápices son de Alejandro.
2. _____
   Daniela es de Ecuador.
3. _____
   Es una foto.
4. _____
   Ellas son Claudia y Marta.

© by Vista Higher Learning, Inc. All rights reserved.

1.3 Present tense of **ser**

1 **Identificar** Listen to each sentence and mark an **X** in the column for the subject of the verb.

> *modelo*
> You hear: Son pasajeros.
> You mark: an **X** under **ellos**.

	yo	tú	él	nosotros	ellos
Modelo	_____	_____	_____	_____	X
1.	_____	_____	_____	_____	_____
2.	_____	_____	_____	_____	_____
3.	_____	_____	_____	_____	_____
4.	_____	_____	_____	_____	_____
5.	_____	_____	_____	_____	_____
6.	_____	_____	_____	_____	_____

2 **Cambiar** Form a new sentence using the cue you hear as the subject. Repeat the correct answer after the speaker. (*8 items*)

> *modelo*
> Isabel es de los Estados Unidos. (yo)
> *Yo soy de los Estados Unidos.*

3 **Escoger** Listen to each question and choose the most logical response.

1. a. Soy Patricia.   b. Es la señora Gómez.
2. a. Es de California.   b. Él es conductor.
3. a. Es de Canadá.   b. Es un diccionario.
4. a. Es de Patricia.   b. Soy estudiante.
5. a. Él es conductor.   b. Es de España.
6. a. Es un cuaderno.   b. Soy de los Estados Unidos.

4 **Preguntas** Answer each question you hear using the cue. Repeat the correct response after the speaker.

> *modelo*
> You hear: ¿De dónde es Pablo?
> You see: Estados Unidos
> You say: *Él es de los Estados Unidos.*

1. España   2. California   3. México   4. Ecuador   5. Puerto Rico   6. Colorado

5 **¿Quiénes son?** Listen to this conversation and write the answers to the questions.

1. ¿Cómo se llama el hombre? _____
2. ¿Cómo se llama la mujer? _____
3. ¿De dónde es él? _____
4. ¿De dónde es ella? _____
5. ¿Quién es estudiante? _____
6. ¿Quién es profesor? _____

Lección 1

1.4 Telling time

1 **La hora** Give the time shown on each clock using complete sentences.

1. _____   2. _____

3. _____   4. _____

5. _____   6. _____

2 **¿Qué hora es?** Use complete sentences to tell the time.

1. 3:40 p.m. _____

2. 6:00 a.m. _____

3. 9:15 p.m. _____

4. 12:00 a.m. _____

5. 1:10 p.m. _____

6. 10:45 a.m. _____

7. 5:05 p.m. _____

8. 11:50 p.m. _____

9. 1:30 a.m. _____

10. 10:00 p.m. _____

   © by Vista Higher Learning, Inc. All rights reserved.

3 **El día de Marta** Use the schedule to answer the questions in complete sentences.

8:45 a.m.	Biología
11:00 a.m.	Cálculo
12:00 p.m.	Almuerzo
2:00 p.m.	Literatura
4:15 p.m.	Yoga
10:30 p.m.	Programa especial

1. ¿A qué hora es la clase de biología? _____

2. ¿A qué hora es la clase de cálculo? _____

3. ¿A qué hora es el almuerzo (lunch)? _____

4. ¿A qué hora es la clase de literatura? _____

5. ¿A qué hora es la clase de yoga? _____

6. ¿A qué hora es el programa especial? _____

Síntesis

¿Y tú? Use lesson vocabulary, the present tense of **ser**, expressions for telling time, and numbers to answer the questions about yourself and your class using complete sentences.

1. ¿Cómo te llamas? _____

2. ¿De dónde eres? _____

3. ¿Qué hay de nuevo? _____

_____

4. ¿Qué hora es? _____

5. ¿A qué hora es la clase de español? _____

6. ¿Cuántos estudiantes hay en la clase de español? _____

7. ¿Hay estudiantes de México en la clase? _____

_____

8. ¿A qué hora es tu (your) programa de televisión favorito? _____

_____

© by Vista Higher Learning, Inc. All rights reserved.   **Lección 1 Estructura** Activities

1.4 Telling time

1 **La hora** Look at the clock and listen to the statement. Indicate whether the statement is **cierto** or **falso**.

| | Cierto | Falso | | Cierto | Falso | | Cierto | Falso |

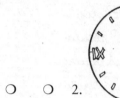
1. ○ ○

2. ○ ○

3. ○ ○

4. ○ ○

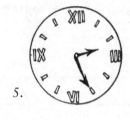
5. ○ ○

6. ○ ○

2 **Preguntas** Some people want to know what time it is. Answer their questions, using the cues. Repeat the correct response after the speaker.

> *modelo*
> *You hear:* ¿Qué hora es, por favor?
> *You see:* 3:10 p.m.
> *You say:* Son las tres y diez de la tarde.

1. 1:30 p.m.   3. 2:05 p.m.   5. 4:54 p.m.
2. 9:06 a.m.   4. 7:15 a.m.   6. 10:23 p.m.

3 **¿A qué hora?** You are trying to plan your class schedule. Ask your counselor what time these classes meet and write the answer.

> *modelo*
> *You see:* la clase de economía
> *You say:* ¿A qué hora es la clase de economía?
> *You hear:* Es a las once y veinte de la mañana.
> *You write:* 11:20 a.m.

1. la clase de biología: _____   4. la clase de literatura: _____

2. la clase de arte: _____   5. la clase de historia: _____

3. la clase de matemáticas: _____   6. la clase de sociología: _____

vocabulario

You will now hear the vocabulary found in your textbook on the last page of this lesson. Listen and repeat each Spanish word or phrase after the speaker.

   © by Vista Higher Learning, Inc. All rights reserved.

estructura 1.4

Estudiante 1

¿Qué hora es? You and your partner each have half of the information you need to complete this chart. To complete your charts, ask and answer questions about what time it is now in other cities and capitals of the world. You will provide your partner with the times he or she needs, and you should fill in the empty spaces on your chart with the times provided by your partner. Follow the model. You begin; start with San Francisco and continue downwards.

> **modelo**
>
> **Estudiante 1:** ¿Qué hora es ahora en Madrid?
> **Estudiante 2:** Ahora son las cinco de la tarde en Madrid.
> *(You write down* 5:00 p.m. *next to* Madrid.*)*
> **Estudiante 2:** ¿Qué hora es ahora en Atenas?
> **Estudiante 1:** Son...

Ciudad	¿Qué hora es?
San Francisco	
la Ciudad de México	10:00 a.m.
Toronto	
Quito	11:00 a.m.
Buenos Aires	
Londres (*London*)	4:00 p.m.
Madrid	5:00 p.m.
Atenas (*Athens*)	6:00 p.m.
Moscú (*Moscow*)	
Nairobi	7:00 p.m.
Nueva Delhi	
Tokio	1:00 a.m.
Sydney	

Now, answer these questions and compare your answers with your partner's. Answer in complete sentences and write out the words for the numbers.

1. Son las 8:15 p.m. en Nairobi. ¿Qué hora es en Sydney?

_____

2. Son las 6:45 a.m. en Toronto. ¿Qué hora es en Londres?

_____

3. Son las 5:20 p.m. en Moscú. ¿Qué hora es en la Ciudad de México?

_____

4. Son las 9:55 p.m. en Tokio. ¿Qué hora es en Atenas?

_____

5. Son las 11:10 a.m. en Quito. ¿Qué hora es en San Francisco?

© by Vista Higher Learning, Inc. All rights reserved.

estructura 1.4

Estudiante 2

¿Qué hora es? You and your partner each have half of the information you need to complete this chart. To complete your charts, ask and answer questions about what time it is now in other cities and capitals of the world. You will provide your partner with the times he or she needs, and you should fill in the empty spaces on your chart with the times provided by your partner. Follow the model. Your partner begins; start with San Francisco and continue downwards.

> **modelo**
>
> **Estudiante 1:** ¿Qué hora es ahora en Madrid?
> **Estudiante 2:** Ahora son las cinco de la tarde en Madrid.
> *(You write down* 5:00 p.m. *next to* Madrid.*)*
> **Estudiante 2:** ¿Qué hora es ahora en Atenas?
> **Estudiante 1:** Son…

Ciudad	¿Qué hora es?
San Francisco	8:00 a.m.
la Ciudad de México	
Toronto	11:00 a.m.
Quito	
Buenos Aires	1:00 p.m.
Londres (*London*)	
Madrid	5:00 p.m.
Atenas (*Athens*)	
Moscú (*Moscow*)	7:00 p.m.
Nairobi	
Nueva Delhi	9:30 p.m.
Tokio	
Sydney	3:00 a.m.

Now, answer these questions and compare your answers with your partner's. Answer in complete sentences and write out the words for the numbers.

1. Son las 8:15 p.m. en Nairobi. ¿Qué hora es en Sydney?

_____

2. Son las 6:45 a.m. en Toronto. ¿Qué hora es en Londres?

_____

3. Son las 5:20 p.m. en Moscú. ¿Qué hora es en la Ciudad de México?

_____

4. Son las 9:55 p.m. en Tokio. ¿Qué hora es en Atenas?

_____

5. Son las 11:10 a.m. en Quito. ¿Qué hora es en San Francisco?

_____

© by Vista Higher Learning, Inc. All rights reserved.

escritura

Estrategia
Writing in Spanish

Why do we write? All writing has a purpose. For example, we may write a poem to reveal our innermost feelings, a letter to impart information, or an essay to persuade others to accept a point of view. Proficient writers are not born, however. Writing requires time, thought, effort, and a lot of practice. Here are some tips to help you write more effectively in Spanish.

DO...

▶ try to write your ideas in Spanish.

▶ use the grammar and vocabulary that you know.

▶ use your textbook for examples of style, format, and expression in Spanish.

▶ use your imagination and creativity.

▶ put yourself in your reader's place to determine if your writing is interesting.

AVOID...

▶ translating your ideas from English to Spanish.

▶ simply repeating what is in the textbook or on a web page.

▶ using a dictionary until you have learned how to use foreign language dictionaries.

Tema
Hacer una lista

Antes de escribir

1. You are going to create a telephone/address list that includes important names, numbers, and websites that will be helpful in your study of Spanish. It should include this information:

   ▶ names, phone numbers, and e-mail addresses of at least four classmates

   ▶ your teacher's name, e-mail address, and phone number

   ▶ three phone numbers and e-mail addresses of locations related to your study of Spanish

   ▶ five electronic resources for students of Spanish

2. Write down the names of the classmates you want to include in your list.

3. Interview your classmates and your teacher to find out the information you need to include. Use the following questions and write down their responses.

Informal	Formal
¿Cómo te llamas?	¿Cómo se llama?
¿Cuál es tu número de teléfono?	¿Cuál es su número de teléfono?
¿Cuál es tu dirección electrónica?	¿Cuál es su dirección electrónica?

4. Think of three places in your community that you could use to help in your study of Spanish. They could be a library, a Spanish-language bookstore, a Spanish-language television station, a Spanish-language radio station, a Hispanic community center, or another kind of Hispanic organization. Find out their e-mail addresses and telephone numbers and write them down.

5. Go online and do a search for five good websites that are dedicated to the study of Spanish as a second language, or that offer international keypals from Spanish-speaking countries. Write down their URLs.

Writing Activities

Escribir

Write your complete list, making sure it includes all the relevant information. It should include at least five people (with their phone numbers and e-mail addresses), three places (with phone numbers and e-mail addresses), and five websites (with URLs). Avoid using a dictionary and just write what you can in Spanish.

Después de escribir

1. Exchange your list with a partner. Comment on his or her work by answering the following questions.

   ▶ Did your partner include the correct number of people, places, and websites?

   ▶ Did your partner include the pertinent information for each person, place, or website?

2. Edit your partner's work, pointing out any spelling or content errors. Notice the use of these editing symbols:

✑	delete
∧	insert letter or word(s) in margin
ǀ	replace letter or word(s) with one(s) inserted in margin
≡	change to uppercase
/	change to lowercase
∿	transpose indicated letters or words

   Now look at this model of what an edited draft looks like:

   r Nombe: Sally
   é Teléfono: 655–8888
      Dirección electrónica: sally@uru.edu

      Nombre: Profesor José ramón Casas
   Teléfono: 655–8090
      Dirección electrónica: jrcasas@uru.edu

3. Revise your list according to your partner's comments and corrections. After writing the final version, read it one more time to eliminate these kinds of problems:

   ▶ spelling errors
   ▶ punctuation errors
   ▶ capitalization errors

  © by Vista Higher Learning, Inc. All rights reserved.

Encuentros en la plaza

Antes de ver el video

1 **Vos** Most Argentinians use the pronoun **vos** instead of **tú** when talking to friends. In some cases, the verb in the **vos** form is different from the **tú** form; in others, it is the same. Look at these questions with **vos**. Can you guess what the **tú** equivalent is?

> **modelo**
> Vos: ¿Cómo te llamás?
> Tú: *¿Cómo te llamas?*

1. Y vos, ¿cómo estás?

_____

2. ¿De dónde sos?

_____

2 **¡En español!** Look at the video still. Imagine a conversation between two of these people.

¡Hola! ¿Cómo te va? _____

_____

_____

_____

_____

_____

_____

Mientras ves el video

3 **Completar** What does Silvina say when she meets her friends? Complete these conversations.

A. (3:42–3:51)

CHICO Hola.

CHICA ¿(1)_____?

CHICA Y CHICO ¡Cuánto tiempo! (*It's been so long!*)

SILVINA Sí, hace mucho, ¿no?

CHICA ¡Qué (2)_____ verte (*to see you*)!

SILVINA ¿(3)_____ están ustedes? ¿Bien?

CHICA Y CHICO (4)_____.

B. (4:12–4:19)

SILVINA Quiero (*I want*) presentarles a mi (5)_____ Gonzalo.

CHICA Hola, ¿qué (6)_____?

GONZALO Hola. Gonzalo. ¿Tú cómo te (7)_____?

CHICA Mariana.

GONZALO (8)_____, Mariana.

Después de ver el video

4 **Ordenar** Pay attention to Silvina's actions and put them in the correct order.

_____ a. presenta una amiga a Mark

_____ b. dice (*she says*): ¿Como están ustedes? ¿Bien?

_____ c. da (*she gives*) un beso y un abrazo

_____ d. camina (*she walks*) por la Plaza de Mayo

_____ e. dice: ¡Hasta pronto!

5 **¿Quién?** Indicate who would make each of these statements.

Statements	Long-time friends at a plaza	People meeting for the first time
1. ¡Qué bueno verte!		
2. Sí, hace mucho, ¿no?		
3. Les presento a mi amigo.		
4. ¿Cómo estás?		
5. Mucho gusto.		

6 **¡Cuánto tiempo!** Write a conversation you would have with a friend whom you have not seen in a long time. Include the expressions provided.

¡Cuánto tiempo!   ¡Qué bueno verte!
Hace mucho.   ¿Qué tal?

_____
_____
_____
_____
_____

7 **Encuentros en la plaza** Describe two aspects of this episode that caught your attention: people, their physical proximity, activities they do, etc. Then, explain how those are similar or different in your own culture. You may use English.

_____
_____
_____
_____
_____

 © by Vista Higher Learning, Inc. All rights reserved.

panorama

Estados Unidos y Canadá

1 **¿Cierto o falso?** Indicate if each statement is **cierto** (*true*) or **falso** (*false*). Then correct the false statements.

1. La mayor parte de la población hispana de los Estados Unidos es de origen mexicano.

   _____

2. Hay más (*more*) hispanos en Illinois que (*than*) en Texas.

   _____

3. El estado con la mayor población hispana de los Estados Unidos es California.

   _____

4. Muchos hispanos en Canadá tienen estudios universitarios.

   _____

5. Muchos hispanos en Canadá hablan una de las lenguas oficiales: inglés o portugués.

   _____

6. Hoy, uno de cada cuatro niños en los Estados Unidos es de origen hispano.

   _____

7. Los tacos, las enchiladas y las quesadillas son platos cubanos.

   _____

8. Las ciudades con más población hispana en Canadá son Montreal, Toronto y Vancouver.

   _____

9. Un barrio cubanoamericano importante de Miami se llama la Pequeña Cuba.

   _____

10. Los puertorriqueños de Nueva York celebran su origen con un desfile.

   _____

2 **Completar** Complete the sentences with the correct information from **Panorama** about the Hispanic communities in Canada and the United States.

1. Se estima que en el año 2034 uno de cada tres _____ va a ser de origen hispano.

2. Los hispanos _____ activamente en la vida cotidiana y profesional de Canadá.

3. La Pequeña Habana es una _____ de Cuba en los Estados Unidos.

4. El desfile puertorriqueño es un gran espectáculo con carrozas y música _____, _____ y hip-hop.

5. La comida mexicana es muy _____ en los Estados Unidos.

© by Vista Higher Learning, Inc. All rights reserved.   **Lección 1 Panorama** Activities

Nombre _____ Fecha _____

3 **Un mapa** Write the name of each state numbered on the map and provide its Hispanic population (rounded to the nearest million).

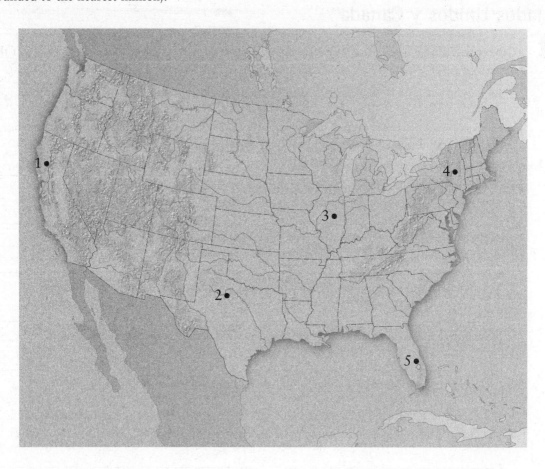

1. _____ (_____ millones de hispanos)

2. _____ (_____ millones de hispanos)

3. _____ (_____ millones de hispanos)

4. _____ (_____ millones de hispanos)

5. _____ (_____ millones de hispanos)

4 **¿De dónde es?** Write the origin of each item listed (**estadounidense, mexicano, cubano,** or **puertorriqueño**).

Origen

1. desfile en Nueva York _____

2. enchiladas, tacos y quesadillas _____

3. Pequeña Habana _____

4. comida tex-mex y cali-mex _____

5. mayor población hispana de EE.UU. _____

© by Vista Higher Learning, Inc. All rights reserved.

Panorama: Estados Unidos

Antes de ver el video

1 **Más vocabulario** Look over these useful words and expressions before you watch the video.

Vocabulario útil		
algunos *some, a few*	espectáculos *shows*	millón *million*
beisbolistas *baseball players*	estaciones *stations*	mucha *large*
comparsa *parade*	este *this*	muchos *many*
concursos *contests*	ligas mayores *major leagues*	por ciento *percent*
diseñador *designer*	más *more*	su *their*
disfraces *costumes*	mayoría *majority*	tiene *has*
escritora *writer*		

2 **Deportes** In this video, you are going to learn about some famous Dominican baseball players. In preparation, answer these questions about sports.

1. What sports are popular in the United States? _____

2. What is your favorite sport? _____

3. Do you play any sports? Which ones? _____

Mientras ves el video

3 **Cognados** Check off all the cognates you hear during the video.

___ 1. agosto   ___ 3. celebrar   ___ 5. democracia   ___ 7. festival   ___ 9. intuición

___ 2. carnaval   ___ 4. discotecas   ___ 6. famosos   ___ 8. independencia   ___ 10. populares

Después de ver el video

4 **Responder** Answer the questions in Spanish. Use complete sentences.

1. ¿Cuántos hispanos hay en Estados Unidos?

_____

2. ¿De dónde son la mayoría de los hispanos en Estados Unidos?

_____

3. ¿Quiénes son Pedro Martínez y Manny Ramírez?

_____

4. ¿Dónde hay muchas discotecas y estaciones de radio hispanas?

_____

5. ¿Qué son WADO y Latino Mix?

_____

6. ¿Es Julia Álvarez una escritora dominicana?

_____

© by Vista Higher Learning, Inc. All rights reserved.   **Lección 1 Panorama cultural** Video Activities   **27**

Panorama: Canadá

Antes de ver el video

1 **Más vocabulario** Look over these useful words and expressions before you watch the video.

Vocabulario útil		
bancos *banks*	hijas *daughters*	periódico *newspaper*
campo *field*	investigadora científica *research scientist*	que *that*
canal de televisión *TV station*	mantienen *maintain*	revista *magazine*
ciudad *city*	mayoría *majority*	seguridad *safety*
comunidad *community*	ofrecen *offer*	sus *her*
escuelas *schools*	otras *others*	trabajadores *workers*
estudia *studies*	pasa *spends*	vive *live*

2 **Responder** This video talks about the Hispanic community in Montreal. In preparation for watching the video, answer the following questions about your family's background.

1. Where were your parents born? And your grandparents? _____

2. If any of them came to the U.S. or Canada from another country, when and why did they come here?
_____

3. Are you familiar with the culture of the country of your ancestors? What do you know about their culture? Do you follow any of their traditions? Which ones? _____
_____

Mientras ves el video

3 **Marcar** Check off the nouns you hear while watching the video.

___ 1. apartamento ___ 3. diario ___ 5. horas ___ 7. instituciones ___ 9. lápiz

___ 2. comunidad ___ 4. escuela ___ 6. hoteles ___ 8. laboratorio ___ 10. el programa

Después de ver el video

4 **¿Cierto o falso?** Indicate whether these statements are **cierto** or **falso**. Correct the false statements.

1. La mayoría de los hispanos en Montreal son de Argentina. _____

2. En Montreal no hay canales de televisión en español. _____

3. En Montreal hay hispanos importantes. _____

4. Una hispana importante en el campo de la biología es Ana María Seifert. _____

5. Ella vive con sus dos hijas en una mansión en Montreal. _____

6. Ella pasa muchas horas en el museo. _____

7. En su casa mantienen muchas tradiciones argentinas. _____

8. Ella participa en convenciones nacionales e internacionales. _____

     © by Vista Higher Learning, Inc. All rights reserved.

contextos

1 **Categorías** Read each group of items. Then write the word from the list that describes a category for the group.

cafetería	clase	laboratorio
ciencias	geografía	materias

1. sándwiches, tacos, sodas, bananas _____

2. mapas, capitales, países, nacionalidades _____

3. literatura, matemáticas, geografía, lenguas extranjeras _____

4. microscopios, experimentos, ciencias, elementos _____

5. física, química, biología, astronomía _____

6. pizarras, tiza, borrador, papelera, escritorios _____

2 **Sopa de letras (*Word search*)** Find 16 school-related words in the grid, looking horizontally and vertically. Circle them in the puzzle, and write the words in the blanks with the correct accents.

S	P	F	I	S	I	C	A	B	Q	G	Ñ	E
O	E	S	P	A	Ñ	O	L	E	U	S	B	R
C	X	B	E	C	O	N	O	M	I	A	I	M
I	A	R	T	E	G	Q	F	A	M	F	O	I
O	M	C	A	C	L	O	U	R	I	V	L	N
L	E	P	R	U	E	B	A	A	C	D	O	G
O	N	U	E	O	N	E	Z	H	A	U	G	L
G	Ñ	D	A	M	C	L	A	S	E	T	I	E
I	E	J	I	L	C	I	E	N	C	I	A	S
A	P	E	R	I	O	D	I	S	M	O	P	I
D	S	T	H	O	R	A	R	I	O	Q	X	A
H	U	M	A	N	I	D	A	D	E	S	M	O

_____   _____

_____   _____

_____   _____

_____   _____

_____   _____

_____   _____

_____   _____

_____   _____

© by Vista Higher Learning, Inc. All rights reserved.

3 **El calendario** Use the calendar to answer these questions with complete sentences.

marzo

L	M	M	J	V	S	D
		1	2	3	4	5
6	7	8	9	10	11	12
13	14	15	16	17	18	19
20	21	22	23	24	25	26
27	28	29	30	31		

abril

L	M	M	J	V	S	D
					1	2
3	4	5	6	7	8	9
10	11	12	13	14	15	16
17	18	19	20	21	22	23
24	25	26	27	28	29	30

> **modelo**
>
> ¿Qué día de la semana es el 8 de abril (*April*)?
> El *8 de abril es sábado.*

1. ¿Qué día de la semana es el 21 de marzo (*March*)? _____

2. ¿Qué día de la semana es el 7 de abril? _____

3. ¿Qué día de la semana es el 2 de marzo? _____

4. ¿Qué día de la semana es el 28 de marzo? _____

5. ¿Qué día de la semana es el 19 de abril? _____

6. ¿Qué día de la semana es el 12 de marzo? _____

7. ¿Qué día de la semana es el 3 de abril? _____

8. ¿Qué día de la semana es el 22 de abril? _____

9. ¿Qué día de la semana es el 31 de marzo? _____

10. ¿Qué día de la semana es el 9 de abril? _____

4 **Completar** Complete these sentences using words from the word bank.

arte	ciencias	examen	horario	tarea
biblioteca	matemáticas	geografía	laboratorio	escuela

1. La biología, la química y la física son _____.

2. El _____ tiene (*has*) las horas de las clases.

3. A las once hay un _____ de biología.

4. Martín es artista y toma (*takes*) una clase de _____.

5. Hay veinte calculadoras en la clase de _____.

6. Los experimentos se hacen (*are done*) en el _____.

7. Hay muchos libros en la _____.

8. Los mapas son importantes en la clase de _____.

© by Vista Higher Learning, Inc. All rights reserved.

contextos

Lección 2

1 **Identificar** Look at each drawing and listen to the statement. Indicate whether the statement is **cierto** or **falso**.

	Cierto	Falso		Cierto	Falso		Cierto	Falso
1.	○	○	2.	○	○	3.	○	○
4.	○	○	5.	○	○	6.	○	○

2 **¿Qué día es?** Your friend Diego is never sure what day of the week it is. Respond to his questions saying that it is the day before the one he mentions. Then repeat the correct answer after the speaker. (*6 items*)

> modelo
> Hoy es domingo, ¿no?
> No, hoy es sábado.

3 **Preguntas** You will hear a series of questions. Look at Susana's schedule for today and answer each question. Then repeat the correct response after the speaker.

martes 18

○ 9:00 economía — Sr. Rivera

11:00 química — Sra. Hernández

12:15 cafetería — Carmen

1:30 prueba de contabilidad — Sr. Ramos

3:00 matemáticas — Srta. Torres

4:30 laboratorio de computación — Héctor

○

Audio Activities

¿Qué estudias?

Lección 2

Antes de ver el video

1 **Impresiones** Based on your impressions of Marissa, Felipe, and Jimena in **Lección 1**, write the names of the classes you think each person is taking or is most interested in. Circle the name of the person you believe is the most studious, and underline the name of the character you believe is the most talkative.

MARISSA	FELIPE	JIMENA
_____	_____	_____
_____	_____	_____
_____	_____	_____

Mientras ves el video

2 **¿Quién y a quién?** Watch **¿Qué estudias?** and say who asks these questions and to whom.

Preguntas	¿Quién?	¿A quién?
1. ¿A quién buscas?	_____	_____
2. ¿Cuántas clases tomas?	_____	_____
3. ¿Qué estudias?	_____	_____
4. ¿Dónde está tu diccionario?	_____	_____
5. ¿Hablas con tu mamá?	_____	_____

3 **¿Qué cosas hay?** Make a check mark beside the actions, items and places shown in **¿Qué estudias?**

____ 1. libros   ____ 5. comprar   ____ 9. pizarra

____ 2. laboratorio   ____ 6. tiza   ____ 10. dibujar

____ 3. caminar   ____ 7. hablar   ____ 11. reloj

____ 4. castillo   ____ 8. horario   ____ 12. mochila

4 **Completar** Fill in the blanks.

1. Marissa está en México para _____.

2. Marissa toma cuatro _____.

3. La _____ de Marissa es arqueología.

4. La especialización de Miguel es _____.

5. A Miguel le gusta _____.

6. Marissa _____ muy bien el español.

7. Juan Carlos toma química con el _____ Morales.

8. El profesor Morales enseña en un laboratorio sin _____.

9. A Felipe le gusta estar _____ el reloj y la puerta.

10. Maru _____ con su mamá.

Video Activities: Fotonovela

© by Vista Higher Learning, Inc. All rights reserved.

Nombre _____   Fecha _____

Después de ver el video

5 **Corregir** The underlined words in the following statements are incorrect. Fill in the blanks with the correct ones.

1. <u>Maru</u> es de los Estados Unidos. _____

2. <u>Miguel</u> toma una clase de computación. _____

3. <u>Felipe</u> necesita comprar libros. _____

4. En clase, a Marissa le gusta estar cerca <u>del reloj</u>. _____

5. <u>Felipe</u> es de Argentina. _____

6. Marissa toma español, <u>periodismo</u>, literatura y geografía. _____

7. Felipe busca a Juan Carlos y a <u>Maru</u>. _____

8. Felipe necesita practicar <u>español</u>. _____

6 **Asociar** Write the words or phrases in the box next to the names.

¿A la biblioteca?	cuatro clases	¿Por qué tomo química y computación?
arqueología	Ésta es la Ciudad de México.	Te gusta la tarea.
Buenos Aires	Hola, mamá, ¿cómo estás?	Y sin diccionario.
ciencias ambientales	Me gusta mucho la cultura mexicana.	

1. Marissa _____   3. Juan Carlos _____

_____   _____

_____   _____

2. Felipe _____   4. Maru _____

_____   _____

_____   _____

7 **¿Y tú?** Write a paragraph saying who you are, where you are from, where you study (city and name of university), and what classes you are taking this semester.

_____
_____
_____
_____
_____
_____
_____
_____
_____
_____
_____

Lección 2

Video Activities: Fotonovela

pronunciación Lección 2

Spanish vowels

Spanish vowels are never silent; they are always pronounced in a short, crisp way without the glide sounds used in English.

a   **e**   **i**   **o**   **u**

The letter **a** is pronounced like the *a* in *father*, but shorter.

Álex   cl**a**se   n**a**d**a**   enc**a**nt**a**d**a**

The letter **e** is pronounced like the *e* in *they*, but shorter.

el   **e**n**e**   m**e**sa   **e**l**e**fant**e**

The letter **i** sounds like the *ee* in *beet*, but shorter.

Inés   ch**i**ca   t**i**za   señor**i**ta

The letter **o** is pronounced like the *o* in *tone*, but shorter.

h**o**la   c**o**n   libr**o**   d**o**n Francisc**o**

The letter **u** sounds like the *oo* in *room*, but shorter.

uno   reg**u**lar   sal**u**dos   g**u**sto

1 Práctica Practice the vowels by repeating the names of these places in Spain after the speaker.

1. Madrid
2. Alicante
3. Tenerife
4. Toledo
5. Barcelona
6. Granada
7. Burgos
8. La Coruña

2 Oraciones Repeat each sentence after the speaker, focusing on the vowels.

1. Hola. Me llamo Ramiro Morgado.
2. Estudio arte en la Universidad de Salamanca.
3. Tomo también literatura y contabilidad.
4. Ay, tengo clase en cinco minutos. ¡Nos vemos!

3 Refranes Repeat each saying after the speaker to practice vowels.

1. Del dicho al hecho hay un gran trecho.
2. Cada loco con su tema.

4 Dictado You will hear a conversation. Listen carefully and write what you hear during the pauses. The entire conversation will then be repeated so you can check your work.

JUAN _____

ROSA _____
JUAN _____
ROSA _____

 © by Vista Higher Learning, Inc. All rights reserved.

estructura

2.1 Present tense of **-ar** verbs

1 **Tabla (*Chart*) de verbos** Write the missing forms of each verb.

Present tense					
Infinitivo	**yo**	**tú**	**Ud., él, ella**	**nosotros/as**	**Uds., ellos**
1. cantar					
2. _____	pregunto				
3. _____		contestas			
4. _____			practica		
5. _____				deseamos	
6. _____					llevan

2 **Completar** Complete these sentences using the correct form of the verb in parentheses.

1. Los turistas _____ (viajar) en un autobús.

2. Elena y yo _____ (hablar) español en clase.

3. Los estudiantes _____ (llegar) a la clase.

4. Yo _____ (dibujar) un reloj en la pizarra.

5. La señora García _____ (comprar) libros en la librería de la escuela.

6. Francisco y tú _____ (regresar) de la biblioteca.

7. El semestre _____ (terminar) en mayo (*May*).

8. Tú _____ (buscar) a tus (*your*) compañeros de clase en la cafetería.

3 **¿Quién es?** Complete these sentences with the correct verb form.

busco	conversas	esperan	regresamos	trabaja
compran	enseña	necesitas	toman	viajan

1. Nosotras _____ a las seis de la tarde.

2. Muchos estudiantes _____ la clase de español.

3. Rosa y Laura no _____ a Manuel.

4. Tú _____ con los chicos en la residencia estudiantil.

5. El padre (*father*) de Jaime _____ en el laboratorio.

6. Yo _____ un libro en la biblioteca.

7. Rebeca y tú _____ unas maletas para viajar.

8. La profesora Reyes _____ el curso de español.

© by Vista Higher Learning, Inc. All rights reserved. **Lección 2 Estructura** Activities **35**

4 **Usar los verbos** Form sentences using the words provided. Use the correct present tense or infinitive form of each verb.

Lección 2

1. una estudiante / desear / hablar / con su profesora de biología

_____

2. Mateo / desayunar / en la cafetería de la escuela

_____

3. (mí) / gustar / cantar y bailar

_____

4. los profesores / contestar / las preguntas (*questions*) de los estudiantes

_____

5. ¿(ti) / gustar / la clase de música?

_____

6. (nosotros) / esperar / viajar / a Madrid

_____

7. (yo) / necesitar / practicar / los verbos en español

_____

8. (mí) / no / gustar / los exámenes

_____

5 **¿Y tú?** Use complete sentences to answer these questions.

> **modelo**
> ¿Bailas el tango?
> *Sí, bailo el tango./No, no bailo el tango.*

1. ¿Estudias ciencias en la escuela?

_____

2. ¿Conversas mucho con los compañeros de clase?

_____

3. ¿Esperas estudiar más (*more*) lenguas extranjeras?

_____

4. ¿Necesitas descansar después de (*after*) los exámenes?

_____

5. ¿Compras los libros en la librería?

_____

6. ¿Te gusta viajar?

_____

© by Vista Higher Learning, Inc. All rights reserved.

estructura

2.1 Present tense of -ar verbs

1 **Identificar** Listen to each sentence and mark an **X** in the column for the subject of the verb.

> **modelo**
> *You hear:* Trabajo en la cafetería.
> *You mark:* an **X** under **yo.**

	yo	tú	él/ella	nosotros/as	ellos/ellas
Modelo	X				
1.					
2.					
3.					
4.					
5.					
6.					
7.					
8.					

2 **Cambiar** Form a new sentence using the cue you hear as the subject. Repeat the correct answer after the speaker. (*6 items*)

> **modelo**
> María practica los verbos ahora. (José y María)
> *José y María practican los verbos ahora.*

3 **Preguntas** Answer each question you hear in the negative. Repeat the correct response after the speaker. (*8 items*)

> **modelo**
> ¿Estudias geografía?
> *No, yo no estudio geografía.*

4 **Completar** Listen to the following description and write the missing words.

Teresa y yo (1) _____ en la Universidad Autónoma de Madrid. Teresa

(2) _____ lenguas extranjeras. Ella (3) _____ trabajar

en las Naciones Unidas (*United Nations*). Yo (4) _____ clases de periodismo.

También me gusta (5) _____ y (6) _____. Los sábados

(7) _____ con una tuna. Una tuna es una orquesta (*orchestra*) estudiantil.

Los jóvenes de la tuna (8) _____ por las calles (*streets*) y

(9) _____ canciones (*songs*) tradicionales de España.

© by Vista Higher Learning, Inc. All rights reserved.

2.2 Forming questions in Spanish

1 Las preguntas Make questions out of these statements by inverting the word order.

1. Ustedes son de Puerto Rico.

_____

2. El estudiante dibuja un mapa.

_____

3. Los turistas llegan en autobús.

_____

4. La clase termina a las dos de la tarde.

_____

5. Samuel trabaja en la biblioteca.

_____

6. Los chicos miran un programa.

_____

7. El profesor Miranda enseña la clase de humanidades.

_____

8. Isabel compra cinco libros de historia.

_____

9. Mariana y Javier preparan la tarea.

_____

10. Ellas conversan en la cafetería de la escuela.

_____

2 Seleccionar Choose an interrogative word from the list to write a question that corresponds with each response.

adónde	cuándo	de dónde	por qué	quién
cuáles	cuántos	dónde	qué	quiénes

1. _____

Ellos caminan a la biblioteca.

2. _____

El profesor de español es de México.

3. _____

Hay quince estudiantes en la clase.

4. _____

El compañero de cuarto de Jaime es Manuel.

5. _____

La clase de física está en el laboratorio.

6. _____

Julia lleva una computadora portátil.

7. _____

El programa de televisión termina en dos horas.

8. _____

Estudio biología porque hay un examen mañana.

© by Vista Higher Learning, Inc. All rights reserved.

3 **Muchas preguntas** Form four different questions from each statement.

1. Mariana canta en el coro (*choir*) de la escuela.

_____

_____

_____

2. Carlos busca el libro de arte.

_____

_____

_____

3. La profesora Gutiérrez enseña contabilidad.

_____

_____

_____

4. Ustedes necesitan hablar con el profesor de economía.

_____

_____

_____

_____

4 **¿Qué palabra?** Write the interrogative word or phrase that makes sense in each question.

1. ¿_____ está la clase de administración de empresas?
   Está en la biblioteca.

2. ¿_____ preparas la tarea de matemáticas?
   Preparo la tarea de matemáticas el lunes.

3. ¿_____ es el profesor de inglés?
   Es de los Estados Unidos.

4. ¿_____ libros hay en la clase de biología?
   Hay diez libros.

5. ¿_____ caminas con (*with*) Olga?
   Camino a la clase de biología con Olga.

6. ¿_____ enseña el profesor Hernández?
   Enseña literatura.

7. ¿_____ llevas cinco libros en la mochila?
   Porque regreso de la biblioteca.

8. ¿_____ es la profesora de física?
   Es la señora Caballero.

© by Vista Higher Learning, Inc. All rights reserved.

2.2 Forming questions in Spanish

1 **Escoger** Listen to each question and choose the most logical response.

1. a. Porque mañana es la prueba.   b. Porque no hay clase mañana.
2. a. Viaja en autobús.   b. Viaja a Toledo.
3. a. Llegamos el 3 de abril.   b. Llegamos al estadio.
4. a. Isabel y Diego dibujan.   b. Dibujan en la clase de arte.
5. a. No, enseña física.   b. No, enseña en la Universidad Politécnica.
6. a. Escuchan un video.   b. Escuchan música clásica.
7. a. Sí, me gusta mucho.   b. Miro la televisión en casa.
8. a. Hay diccionarios en la biblioteca. b. Hay tres.

2 **Cambiar** Change each sentence into a question using the cue. Repeat the correct response after the speaker.

> **modelo**
> You hear: Los turistas toman el autobús.
> You see: ¿Quiénes?
> You say: ¿Quiénes toman el autobús?

1. ¿Dónde?   3. ¿Qué?, (tú)   5. ¿Cuándo?   7. ¿Quiénes?
2. ¿Cuántos?   4. ¿Quién?   6. ¿Dónde?   8. ¿Qué?, (tú)

3 **¿Lógico o ilógico?** You will hear some questions and the responses. Decide if they are **lógico** (logical) or **ilógico** (illogical).

1. Lógico   Ilógico   4. Lógico   Ilógico
2. Lógico   Ilógico   5. Lógico   Ilógico
3. Lógico   Ilógico   6. Lógico   Ilógico

4 **Un anuncio** Listen to this radio advertisement and answer the questions.

1. ¿Dónde está (is) la Escuela Cervantes? _____

2. ¿Qué cursos ofrecen (do they offer) en la Escuela Cervantes? _____

3. ¿Cuándo practican los estudiantes el español? _____

4. ¿Adónde viajan los estudiantes de la Escuela Cervantes? _____

© by Vista Higher Learning, Inc. All rights reserved.

Lección 2

Audio Activities

estructura 2.2

Comunicación

4 **Encuesta** (student text p. 58) Change the categories in the first column into questions, and then use them to survey your classmates. Find at least one person for each category. Be prepared to report the results of your survey to the class.

Categorías	Nombre de tu compañero/a	Nombre de tu compañero/a
1. estudiar computación		
2. tomar una clase de psicología		
3. dibujar bien		
4. cantar bien		
5. escuchar música clásica		
6. escuchar jazz		
7. hablar mucho en clase		
8. desear viajar a España		

2.3 Present tense of estar

1   **Están en...** Answer the questions based on the pictures. Write complete sentences.

1. ¿Dónde están Cristina y
Bruno? _____

_____

2. ¿Dónde están la profesora
y el estudiante? _____

_____

3. ¿Dónde está la puerta?

_____

_____

4. ¿Dónde está la mochila?

_____

_____

5. ¿Dónde está el pasajero?

_____

_____

6. ¿Dónde está José Miguel?

_____

_____

2   **¿Dónde están?** Use these cues and the correct form of **estar** to write complete sentences. Add any
missing words.

1. libros / cerca / escritorio

_____

2. ustedes / al lado / puerta

_____

3. calculadora / entre / computadoras

_____

4. lápices / sobre / cuaderno

_____

5. estadio / lejos / residencias

_____

6. mochilas / debajo / mesa

_____

7. tú / en / clase de historia

_____

8. reloj / a la derecha / ventana

_____

9. Rita / a la izquierda / Julio

_____

   © by Vista Higher Learning, Inc. All rights reserved.

3 **¿*Ser* o *estar*?** Complete these sentences with the correct present tense form of the verb **ser** or **estar**.

1. Sonia _____ muy bien hoy.

2. Las sillas _____ delante del escritorio.

3. Ellos _____ estudiantes de sociología.

4. Alma _____ de la capital de España.

5. _____ las diez y media de la mañana.

6. Nosotras _____ en la biblioteca.

4 **El libro** Complete this cell phone conversation with the correct forms of **estar**.

GUSTAVO Hola, Pablo. ¿(1)_____ en casa?

PABLO Sí, (2)_____ en casa.

GUSTAVO Necesito el libro de física.

PABLO ¿Dónde (3)_____ el libro?

GUSTAVO El libro (4)_____ en mi cuarto, al lado de la computadora.

PABLO ¿Dónde (5)_____ la computadora?

GUSTAVO La computadora (6)_____ encima del escritorio.

PABLO ¡Aquí (*Here*) (7)_____ la computadora y... el libro de física!

5 **Conversación** Complete this conversation with the correct forms of **ser** and **estar**.

PILAR Hola, Irene. ¿Cómo (1)_____?

IRENE Muy bien, ¿y tú? ¿Qué tal?

PILAR Bien, gracias. Te presento a Pablo.

IRENE Encantada, Pablo.

PILAR Pablo (2)_____ de México.

IRENE ¿De qué parte de (*where in*) México (3)_____?

PABLO (4)_____ de Monterrey. Y tú, ¿de dónde (5)_____?

IRENE (6)_____ de San Juan, Puerto Rico.

PILAR ¿Dónde (7)_____ Claudia?

IRENE (8)_____ en casa.

PABLO Nosotros vamos a (*are going to*) la librería ahora.

PILAR Necesitamos comprar el manual del laboratorio de física.

IRENE ¿A qué hora (9)_____ la clase de física?

PABLO (10)_____ a las doce del día. ¿Qué hora (11)_____ ahora?

PILAR (12)_____ las once y media.

IRENE ¡Menos mal que (*Fortunately*) la librería (13)_____ cerca del laboratorio!

PILAR Sí, no (14)_____ muy lejos de la clase. Nos vemos.

IRENE Hasta luego.

PABLO Chau.

© by Vista Higher Learning, Inc. All rights reserved.

Lección 2 Estructura Activities   **43**

2.3 Present tense of estar

1 **Describir** Look at the drawing and listen to each statement. Indicate whether the statement is **cierto** or **falso**.

	Cierto	Falso		Cierto	Falso		Cierto	Falso
1.	○	○	3.	○	○	5.	○	○
2.	○	○	4.	○	○	6.	○	○

2 **Cambiar** Form a new sentence using the cue you hear. Repeat the correct answer after the speaker. (*8 items*)

> **modelo**
> Irma está en la biblioteca. (Irma y Hugo)
> Irma y Hugo están en la biblioteca.

3 **Escoger** You will hear some sentences with a beep in place of the verb. Decide which form of **ser** or **estar** should complete each sentence and circle it.

> **modelo**
> *You hear:* Javier (*beep*) estudiante.
> *You circle:* **es** because the sentence is **Javier es estudiante.**

1. es	está	5. es	está
2. es	está	6. eres	estás
3. es	está	7. son	están
4. Somos	Estamos	8. Son	Están

© by Vista Higher Learning, Inc. All rights reserved.

Lección 2

Audio Activities

2.4 Numbers 31 and higher

1 **Números de teléfono** Provide the words for these telephone numbers.

> **modelo**
> 968-3659
> nueve, sesenta y ocho, treinta y seis, cincuenta y nueve

1. 776-7799

   _____

2. 543-3162

   _____

3. 483-4745

   _____

4. 352-5073

   _____

5. 888-7540

   _____

6. 566-3857

   _____

2 **¿Cuántos hay?** Use the inventory list to answer these questions about the amount of items in stock at the school bookstore. Use complete sentences and write out the Spanish words for numbers.

libros	320	mochilas	31
cuadernos	276	diccionarios	43
plumas	125	mapas	66

1. ¿Cuántos mapas hay? _____
2. ¿Cuántas mochilas hay? _____
3. ¿Cuántos diccionarios hay? _____
4. ¿Cuántos cuadernos hay? _____
5. ¿Cuántas plumas hay? _____
6. ¿Cuántos libros hay? _____

3 **La universidad** Use the information provided to complete the paragraph about a student at a large state university. Write out the Spanish words for numbers.

> 25.000 estudiantes   44 nacionalidades diferentes   1.432 computadoras
> 350 españoles   10.500 libros   126 especialidades

La universidad es muy grande, hay (1)_____ estudiantes. Hay personas de (2)_____ países diferentes y (3)_____ son estudiantes de España. La biblioteca tiene (4)_____ libros de (5)_____ especialidades diferentes. Hay (6)_____ computadoras...

4 **Por ciento** Use the pie chart to complete these sentences. Write out the Spanish numbers in words.

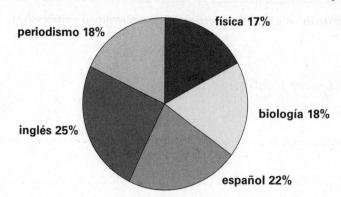

1. Un _____ por ciento de los estudiantes estudian las ciencias.

2. Un _____ por ciento de los estudiantes estudian inglés o periodismo.

3. Un _____ por ciento de los estudiantes no estudian las ciencias.

4. Un _____ por ciento de los estudiantes no estudian biología.

5. Un _____ por ciento de los estudiantes estudian inglés o español.

6. Un _____ por ciento de los estudiantes no estudian idiomas.

Síntesis

La escuela Imagine that a friend calls a student during the second week of class. Write questions that the friend might ask about his or her schedule, classes, and school life. Use the cues provided. Then write possible answers.

> **modelo**
> ¿A qué hora termina la clase de español?
> La clase de español termina a las tres.

- ¿A qué hora...?
- ¿Dónde está...?
- ¿Qué clases...?
- ¿Trabajas...?
- ¿Estudias...?
- ¿Qué días de la semana...?
- ¿Hay...?
- ¿Cuántos...?

_____

_____

_____

_____

_____

_____

_____

   © by Vista Higher Learning, Inc. All rights reserved.

2.4 Numbers 31 and higher

1 **Números de teléfono** You want to invite some classmates to a party, but you don't have their telephone numbers. Ask the person who sits beside you what their telephone numbers are, and write the answer.

> **modelo**
> *You see:* Elián
> *You say:* ¿Cuál es el número de teléfono de Elián?
> *You hear:* Es el ocho, cuarenta y tres, cero, ocho, treinta y cinco.
> *You write:* 843-0835

1. Arturo: _____   5. Simón: _____

2. Alicia: _____   6. Eva: _____

3. Roberto: _____   7. José Antonio: _____

4. Graciela: _____   8. Mariana: _____

2 **Dictado** Listen carefully and write each number as numerals rather than words.

1. _____   4. _____   7. _____

2. _____   5. _____   8. _____

3. _____   6. _____   9. _____

3 **Mensaje telefónico** Listen to this telephone conversation and complete the phone message with the correct information.

> **Mensaje telefónico**
>
> Para (*For*) _____
> De parte de (*From*) _____
> Teléfono _____
> Mensaje _____
> _____
> _____
> _____

vocabulario

You will now hear the vocabulary found in your textbook on the last page of this lesson. Listen and repeat each Spanish word or phrase after the speaker.

estructura 2.4

Estudiante 1

5 **¿A qué distancia...?** (student text p. 65) You and your partner have incomplete charts that indicate the distances between Madrid and various locations. Fill in the missing information on your chart by asking your partner questions.

> **modelo**
> **Estudiante 1:** ¿A qué distancia está Arganda del Rey?
> **Estudiante 2:** Está a veintisiete kilómetros de Madrid.

Alcalá de Henares	Aranjuez	Arganda del Rey	Chinchón	El Escorial	Guadalajara	Segovia	Toledo	Valdemoro
30		27		50		87		26

© by Vista Higher Learning, Inc. All rights reserved.

estructura 2.4

Estudiante 2

5 **¿A qué distancia...?** (student text p. 65) You and your partner have incomplete charts that indicate the distances between Madrid and various locations. Fill in the missing information on your chart by asking your partner questions.

> **modelo**
>
> **Estudiante 1:** ¿A qué distancia está Arganda del Rey?
> **Estudiante 2:** Está a veintisiete kilómetros de Madrid.

Alcalá de Henares	Aranjuez	Arganda del Rey	Chinchón	El Escorial	Guadalajara	Segovia	Toledo	Valdemoro
47	27	54		55		71		

© by Vista Higher Learning, Inc. All rights reserved.

estructura - síntesis

Estudiante 1

Lección 2

Communication Activities

¿Quién es Pedro? Complete the information about Pedro. Your partner has the information you are missing. Using the cues you see, ask him or her the correct questions and give him or her answers in complete sentences. Follow the model. Take notes in both the **Preguntas** column and the **Respuestas** column, because you will have to reconstruct all the information at the end. You start.

> **modelo**
>
> **Estudiante 1 sees:** ¿Quién (ser) Pedro?
> **Estudiante 2 sees:** estudiante/ciencias/periodismo
> **Estudiante 1 says:** ¿Quién es Pedro?
> **Estudiante 2 says:** Pedro es un estudiante de ciencias y periodismo.

Preguntas	Respuestas
1. ¿Quién (ser) Pedro?	
2.	Pedro Raúl Vidal Ruiz
3. ¿De dónde (ser) Pedro?	
4.	Universidad/Sevilla/España
5. ¿Cuántas materias (tomar) en un semestre y cuáles (ser)?	
6.	física/química
7. ¿Qué clases (tomar) los martes y los jueves?	
8.	7:30
9. ¿Cuántos estudiantes (haber) en la clase de química?	
10.	68
11. ¿Dónde (desayunar)?	
12.	residencia estudiantil/6:30/tarde
13. ¿A qué hora (regresar) a la residencia estudiantil?	
14.	laboratorio/universidad
15. ¿Quién (ser) Miguel?	
16.	Julián Gutiérrez
17. ¿Dónde (practicar) el español?	
18.	librería/universidad
19. ¿Cuándo (escuchar) música?	
20.	no/domingos/descansar

Now, write down everything you have learned about Pedro on a separate sheet of paper.

   © by Vista Higher Learning, Inc. All rights reserved.

estructura - síntesis

Estudiante 2

👥 **¿Quién es Pedro?** Complete the information about Pedro. Your partner has the information you are missing. Using the cues you see, ask him or her the correct questions and give him or her answers in complete sentences. Follow the model. Take notes in both the **Preguntas** column and the **Respuestas** column, because you will have to reconstruct all the information at the end. Your partner starts.

> **modelo**
> **Estudiante 1 sees:** ¿Quién (ser) Pedro?
> **Estudiante 2 sees:** estudiante/ciencias/periodismo
> **Estudiante 1 says:** ¿Quién es Pedro?
> **Estudiante 2 says:** Pedro es un estudiante de ciencias y periodismo.

Preguntas	Respuestas
1.	estudiante/ciencias/periodismo
2. ¿Cuál (ser) el nombre completo?	
3.	California/Estados Unidos
4. ¿Dónde (estudiar)?	
5.	cuatro/física/química/sociología/español
6. ¿Qué clases (tomar) los lunes y los miércoles?	
7.	sociología/español
8. ¿A qué hora (llegar) a la universidad por la mañana?	
9.	93
10. ¿Cuántos estudiantes (haber) en la clase de sociología?	
11.	cafetería/universidad
12. ¿Dónde (cenar) y a qué hora?	
13.	6/tarde
14. ¿Dónde (preparar) Pedro la tarea de química?	
15.	compañero cuarto/Pedro
16. ¿Cómo (llamarse) el profesor de español?	
17.	laboratorio/lenguas extranjeras
18. ¿Dónde (comprar) los libros?	
19.	sábados/domingos
20. ¿(Estudiar) los domingos?	

Now, write down everything you have learned about Pedro on a separate sheet of paper.

Nombre ______________________ Fecha ______________________

escritura

Lección 2

Estrategia

Brainstorming

How do you find ideas to write about? In the early stages of writing, brainstorming can help you generate ideas on a specific topic. You should spend ten to fifteen minutes brainstorming and jotting down any ideas about the topic that occur to you. Whenever possible, try to write down your ideas in Spanish. Express your ideas in single words or phrases, and jot them down in any order. While brainstorming, don't worry about whether your ideas are good or bad. Selecting and organizing ideas should be the second stage of your writing. Remember that the more ideas you write down while you're brainstorming, the more options you'll have to choose from later when you start to organize your ideas.

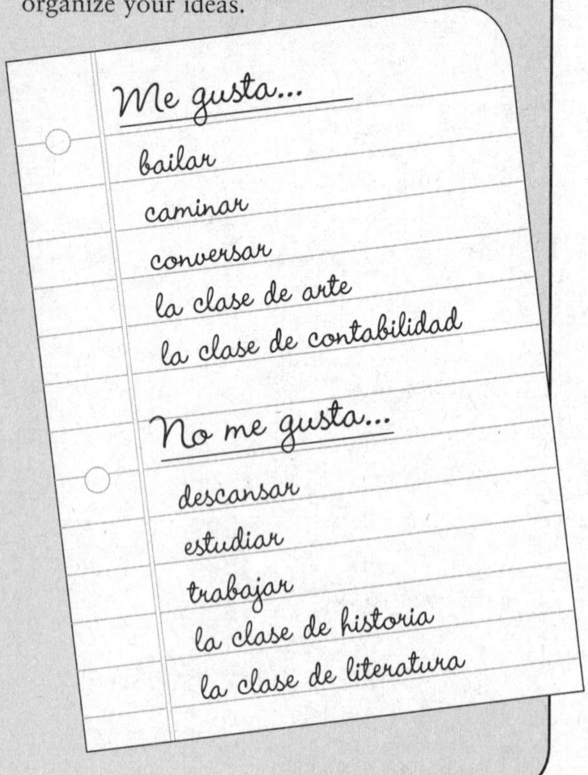
Me gusta...
bailar
caminar
conversar
la clase de arte
la clase de contabilidad
No me gusta...
descansar
estudiar
trabajar
la clase de historia
la clase de literatura

Tema

Una descripción

Antes de escribir

1. You will be writing a description of yourself that includes your name, where you are from, where you go to school, the classes you are taking, where you work (if you have a job), and some of the things you like and dislike. Use the following chart to brainstorm information about your likes and dislikes.

Me gusta...	No me gusta...

© by Vista Higher Learning, Inc. All rights reserved.

2. Now take that information and fill out this table to help you organize the information you need to include in your description.

Me llamo...	(name).
Soy de...	(where you are from).
Estudio...	(names of classes) **en** (name of school).
No trabajo. / Trabajo en...	(place where you work).
Me gusta...	(activities you like).
No me gusta...	(activities you dislike).

Escribir

Use the information from the second chart to write a paragraph describing yourself. Make sure you include all the information from the chart in your paragraph. Use the structures provided for each topic.

Después de escribir

1. Exchange a rough draft of your description with a partner. Comment on his or her work by answering these questions:

   ▶ Did your partner include all the necessary information (at least six facts)?
   ▶ Did your partner use the structures provided in the chart?

2. Revise your description according to your partner's comments. After writing the final version, read it one more time to eliminate these kinds of problems:

   ▶ spelling errors
   ▶ punctuation errors
   ▶ capitalization errors
   ▶ use of the wrong verb form

Los estudios

Antes de ver el video

1 **Más vocabulario** Look over these useful words before you watch the video.

Vocabulario útil	

las ciencias biológicas y de la salud
  biological and health sciences
	el cuarto año de la carrera
	  the fourth year of college

las ciencias físico-matemáticas *physical and mathematical sciences*	dé clases *teaches*
¿Conoces a algún ex alumno reconocido? *¿Do you know any renowned alumni?*	los estudios superiores *higher education* la psicoterapia *psychotherapy*

2 **¡En español!** Look at the video still and answer these questions in Spanish. Carlos is in Mexico City; can you guess what place? Who is Carlos talking to? What do you think this person does?

Carlos López, México, D.F.

_____

_____

_____

_____

_____

_____

_____

_____

Mientras ves el video

3 **Conversaciones** Complete these conversations between Carlos López and two students.

CARLOS LÓPEZ ¿(1)_____ te llamas?

ESTUDIANTE Héctor.

CARLOS LÓPEZ Héctor. ¿Y qué estudias?

ESTUDIANTE (2)_____.

CARLOS LÓPEZ ¿Y cuál es tu materia favorita?

ESTUDIANTE Este... ahorita, (3)_____ de Roma.

CARLOS LÓPEZ ¿De dónde (4)_____?

ESTUDIANTE De Corea.

CARLOS LÓPEZ De Corea. ¿Te gusta estudiar en la (5)_____?

ESTUDIANTE Sí, me gusta mucho.

CARLOS LÓPEZ ¿Qué estudias?

ESTUDIANTE Estoy estudiando (6)_____.

© by Vista Higher Learning, Inc. All rights reserved.

4 **Identificar** Indicate which area of study each of these students and alumni is likely to study or have studied.

> Ciencias Biológicas y de la Salud   Ciencias Sociales
> Ciencias Físico-Matemáticas   Humanidades

Octavio Paz
Escritor

1. _____   2. _____   3. _____

Después de ver el video

5 **Oraciones** Complete each statement with the correct option.

> autobuses   estudio   profesor
> derecho   ex alumno   residencia estudiantil
> estudiantes   México, D.F.   universidad

1. _____ es un importante centro económico y cultural.

2. La UNAM es una _____ en la Ciudad de México.

3. La UNAM es como (*like*) una ciudad con _____, policía y gobierno (*government*) propios (*own*).

4. Los _____ de la UNAM son de diferentes países.

5. Hay cuatro áreas principales de _____.

6. Manuel Álvarez Bravo es un _____ famoso de la UNAM.

6 **¡Carlos López de visita (*on a visit*)!** Imagine that Carlos López visits your school and wants to find out about the institution, facilities, classes, and students. Write a brief paragraph about what you would say.

> **modelo**
> ¡Hola, Carlos! Me llamo Rosa Estévez y estudio en la Escuela Pública de Springfield. Hay muchos estudiantes. Este (*This*) semestre tomo clases…

_____
_____
_____
_____
_____

panorama

Lección 2

España

1 **¿De qué ciudad es?** Write the city or town in Spain associated with each item.

1. el Museo del Prado _____

2. el baile flamenco _____

3. la Sagrada Familia _____

4. La Tomatina _____

5. segunda (*second*) ciudad en población _____

2 **¿Cierto o falso?** Indicate whether each statement is **cierto** or **falso**. Then correct the false statements.

1. Las islas Canarias y las islas Baleares son de España.

_____

2. Zaragoza es una de las ciudades principales de España.

_____

3. La moneda de España es el peso.

_____

4. En España hay más de un idioma.

_____

5. La Tomatina es uno de los platos más deliciosos de España.

_____

6. El chef José Andrés vive en Washington, D.C.

_____

_____

3 **El mapa de España** Fill in the blanks with the name of the city or geographical feature.

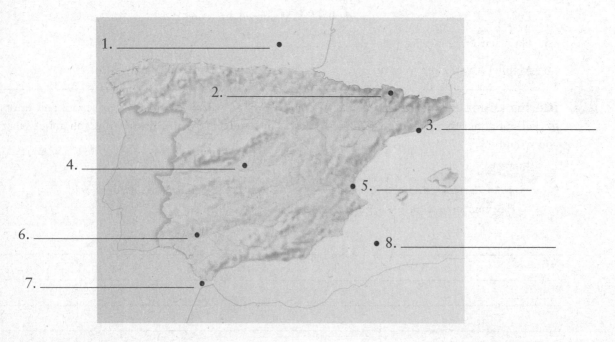

1. _____

2. _____

3. _____

4. _____

5. _____

6. _____

7. _____

8. _____

© by Vista Higher Learning, Inc. All rights reserved.

Nombre _____   Fecha _____

4 Profesiones Write each person's occupation.

1. Fernando Alonso: _____

2. Rosa Montero: _____

3. Pedro Almodóvar: _____

4. Miguel de Cervantes: _____

5. Paz Vega: _____

6. Diego Velázquez: _____

5 Palabras cruzadas (crossed) Write one letter on each blank. Then complete the statement, using the new word that is formed.

1. Islas españolas del mar Mediterráneo

2. Español, catalán, gallego, valenciano y euskera

3. José Andrés es dueño (owner) de varios

4. Museo español famoso

5. Pintor español famoso

6. Obra más conocida de Diego Velázquez

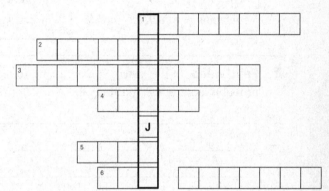

El aeropuerto (airport) de Madrid se llama _____.

6 Las fotos Label the object shown in each photo.

1. _____

2. _____

3. _____

© by Vista Higher Learning, Inc. All rights reserved. **Lección 2 Panorama** Activities   **57**

Panorama: España

Lección 2

Antes de ver el video

1 **Más vocabulario** Look over these useful words before you watch the video.

Vocabulario útil		
antiguo *ancient*	empezar *to start*	niños *children*
blanco *white*	encierro *running of bulls*	pañuelo *neckerchief, bandana*
cabeza *head*	esta *this*	peligroso *dangerous*
calle *street*	feria *fair, festival*	periódico *newspaper*
cohete *rocket (firework)*	fiesta *party, festival*	rojo *red*
comparsa *parade*	gente *people*	ropa *clothing*
correr *to run*	gigante *giant*	toro *bull*
defenderse *to defend oneself*	mitad *half*	ver *to see*

2 **Festivales** In this video, you are going to learn about a Spanish festival. List the things you would probably do and see at a festival.

_____

_____

_____

_____

Mientras ves el video

3 **Ordenar** Number the items in the order in which they appear in the video.

_____ a. cohete   _____ c. gigante   _____ e. mitad hombre,

_____ b. cuatro mujeres en   _____ d. toros   mitad animal
         un balcón

Después de ver el video

4 **Fotos** Describe the video stills.

_____

_____

_____

_____

_____

_____

_____

 © by Vista Higher Learning, Inc. All rights reserved.

Video Activities: *Panorama cultural*   Lección 2

_____
_____
_____
_____
_____

5 **Crucigrama** Complete these sentences and use the words to complete the crossword.

1. El Festival de San Fermín es la combinación de tres fiestas, una de ellas es las

   _____ comerciales.

2. Las _____ son los eventos favoritos de los niños.

3. La fiesta religiosa en honor a San Fermín, las ferias comerciales y los eventos taurinos son

   celebraciones _____.

4. Los Sanfermines es una de las _____ tradicionales españolas.

5. Las personas usan ropa blanca y _____ rojos.

6. En los encierros las personas corren delante de diecisiete _____.

7. En las comparsas hay figuras _____ hombre, mitad animal.

8. En los días del festival, hay ocho _____.

9. En las comparsas hay ocho _____.

10. Las comparsas pasan por las _____ de Pamplona.

11. Otras de las figuras tienen (*have*) enormes _____.

			S
			A
			N
			F
			E
			R
			M
			I
			N
			E
			S

contextos

1 **La familia** Look at the family tree and describe the relationships between these people.

modelo

Eduardo / Concha
Eduardo es el padre de Concha.

1. Juan Carlos y Sofía / Pilar

_____

2. Pilar / Ana María y Luis Miguel

_____

3. Eduardo / Raquel

_____

4. José Antonio y Ramón / Concha

_____

5. Raquel / Pilar

_____

6. Concha, José Antonio y Ramón / Pilar

_____

7. Ana María / Raquel

_____

8. Joaquín / Ana María y Luis Miguel

_____

© by Vista Higher Learning, Inc. All rights reserved.

2 **Diferente** Write the word that does not belong in each group.

1. ingeniera, médica, programadora, periodista, hijastra _____

2. cuñado, nieto, yerno, suegra, nuera _____

3. sobrina, prima, artista, tía, hermana _____

4. padre, hermano, hijo, novio, abuelo _____

5. muchachos, tíos, niños, chicos, hijos _____

6. amiga, hermanastra, media hermana, madrastra _____

3 **Crucigrama** Complete this crossword puzzle.

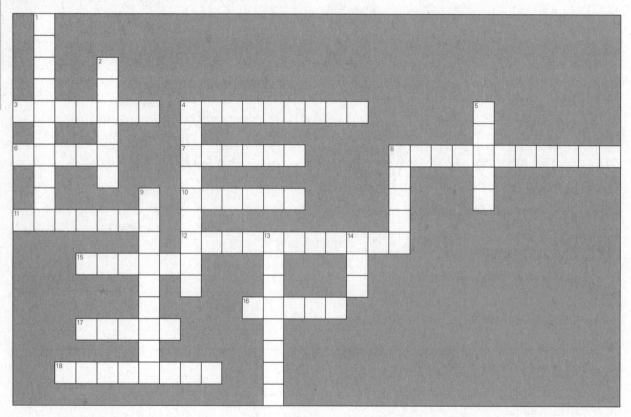

Horizontales

3. el hijo de mi hermano
4. la esposa de mi padre, pero no soy su hijo
6. el hijo de mi hija
7. el esposo de mi hermana
8. hombre que estudió (*studied*) computación
10. la madre de mi padre
11. padre, madre e (*and*) hijos
12. el hijo de mi madrastra, pero no de mi padre
15. doctor
16. tus nietos son los _____ de tus hijos
17. personas en general
18. la hija de mi esposa, pero no es mi hija

Verticales

1. mujer que escribe (*writes*) para el *New York Times*
2. compañeros inseparables
4. chicos
5. el esposo de mi madre es el _____ de mis abuelos
8. el hijo de mi tía
9. abuelos, primos, tíos, etc.
13. Pablo Picasso y Diego Velázquez
14. el hermano de mi madre

   © by Vista Higher Learning, Inc. All rights reserved.

contextos

1 **Escoger** You will hear some questions. Look at the family tree and choose the correct answer to each question.

La familia
González

Juan Carlos   Sofía

Raquel   Eduardo   Ana María

                                    Luis Miguel

Concha   José Antonio   Ramón

                                    Pilar   Joaquín

1. a. Pilar   b. Concha   5. a. José Antonio y Ramón   b. Eduardo y Ana María
2. a. Luis Miguel   b. Eduardo   6. a. Joaquín   b. Eduardo
3. a. Sofía   b. Ana María   7. a. Ana María   b. Sofía
4. a. Raquel   b. Sofía   8. a. Luis Miguel   b. Juan Carlos

2 **La familia González** Héctor wants to verify the relationship between various members of the González family. Look at the drawing and answer his questions with the correct information. Repeat the correct response after the speaker. (*6 items*)

> *modelo*
> Juan Carlos es el abuelo de Eduardo, ¿verdad?
> No, Juan Carlos es el padre de Eduardo.

3 **Profesiones** Listen to each statement and write the number of the statement below the drawing it describes.

a. _____   b. _____   c. _____   d. _____

© by Vista Higher Learning, Inc. All rights reserved.

Lección 3

Audio Activities

Un domingo en familia   Lección 3

Antes de ver el video

1 **Examinar el título** Look at the title of the episode. Based on the title and the image below, imagine what you think you will see.

_____

_____

_____

_____

_____

_____

Mientras ves el video

2 **Completar** Fill in the blanks for each sentence from column A with a word from column B, according to **Un domingo en familia**.

A   B

1. Marta _____ ocho años.   trabajadora

2. Las hijas de Nayeli son simpáticas y _____.   tiene

3. La _____ de Ramón y Roberto se llama Ana María.   vive

4. Jimena dice que Felipe es _____ y feo.   gordo

5. Jimena es muy _____.   bonitas

6. Ana María _____ en Mérida.   hermana

3 **En Xochimilco** Check off each person or thing that appears.

_____ 1. a Biology book   _____ 5. Felipe's uncle   _____ 9. people eating

_____ 2. Marissa's grandparents _____ 6. a soccer ball   _____ 10. Felipe's girlfriend

_____ 3. Jimena's cousins   _____ 7. trajineras   _____ 11. Jimena's dad

_____ 4. a desk   _____ 8. mariachis   _____ 12. Ana María's son-in-law

4 **¿Cierto o falso?** Indicate whether each statement is **cierto** or **falso**.

	Cierto	Falso
1. Felipe tiene mucha hambre.	O	O
2. El ex novio de Marissa es alemán.	O	O
3. Ana María tiene tres hijos.	O	O
4. Marissa tiene una sobrina que se llama Olivia.	O	O
5. La señora Díaz dice que su cuñada es muy simpática.	O	O

Lección 3

Video Activities: Fotonovela

     © by Vista Higher Learning, Inc. All rights reserved.

Después de ver el video

5 **Seleccionar** Select the letter of the word or phrase that goes in each sentence.

1. Roberto es el _____ de Felipe y Jimena.
   a. tío   b. primo   c. padre   d. sobrino

2. Los abuelos de Marissa son _____.
   a. ecuatorianos   b. españoles   c. mexicanos   d. alemanes

3. Adam es el _____ de Marissa.
   a. hermano menor   b. tío   c. primo   d. cuñado

4. Carolina tiene una _____ que se llama Ana María.
   a. tía   b. cuñada   c. hermana   d. prima

5. Las _____ de Nayeli son _____.
   a. primas; altas   b. hermanas; trabajadoras.   c. hijas; simpáticas   d. sobrinas; guapas

6. La _____ de Nayeli es muy _____.
   a. sobrina; trabajadora   b. abuela; vieja   c. mamá; simpática   d. tía; alta

7. La _____ de Carolina tiene _____.
   a. tía; hambre   b. hija; sed   c. sobrina; frío   d. familia; sueño

8. Marissa decide ir a _____.
   a. la librería   b. la cafetería   c. Mérida   d. el estadio

6 **Preguntas** Answer the questions, using complete sentences.

1. ¿Quién tiene tres hermanos?
   _____

2. ¿Cuántos años tiene Valentina, la hija de Nayeli?
   _____

3. ¿Quién es hija única?
   _____

4. ¿Cómo se llama el hermano de Jimena?
   _____

5. ¿Cómo se llama el padre de Felipe?
   _____

7 **Preguntas personales** Answer the questions about your family.

1. ¿Cuántas personas hay en tu familia? ¿Cuál es más grande (*bigger*), tu familia o la familia
   de Jimena? _____
   _____

2. ¿Tienes hermanos/as? ¿Cómo se llaman? _____
   _____

3. ¿Tienes un(a) primo/a favorito/a? ¿Cómo es? _____

4. ¿Cómo es tu tío/a favorito/a? ¿Dónde vive? _____
   _____

Lección 3

Video Activities: *Fotonovela*

pronunciación   Lección 3

Diphthongs and linking

In Spanish, **a**, **e**, and **o** are considered strong vowels. The weak vowels are **i** and **u**.

hermano   niña   cuñado

A diphthong is a combination of two weak vowels or of a strong vowel and a weak vowel. Diphthongs are pronounced as a single syllable.

ruido   parientes   periodista

Two identical vowel sounds that appear together are pronounced like one long vowel.

la abuela   mi hijo   una clase excelente

Two identical consonants together sound like a single consonant.

con Natalia   sus sobrinos   las sillas

A consonant at the end of a word is always linked with the vowel sound at the beginning of the next word.

Es ingeniera.   mis abuelos   sus hijos

A vowel at the end of a word is always linked with the vowel sound at the beginning of the next word.

mi hermano   su esposa   nuestro amigo

1   **Práctica** Repeat each word after the speaker, focusing on the diphthongs.

1. historia	4. novia	7. puerta	10. estudiar
2. nieto	5. residencia	8. ciencias	11. izquierda
3. parientes	6. prueba	9. lenguas	12. ecuatoriano

2   **Oraciones** When you hear the number, read the corresponding sentence aloud. Then listen to the speaker and repeat the sentence.

1. Hola. Me llamo Anita Amaral. Soy del Ecuador.
2. Somos seis en mi familia.
3. Tengo dos hermanos y una hermana.
4. Mi papá es del Ecuador y mi mamá es de España.

3   **Refranes** Repeat each saying after the speaker to practice diphthongs and linking sounds.

1. Cuando una puerta se cierra, otra se abre.
2. Hablando del rey de Roma, por la puerta se asoma.

4   **Dictado** You will hear eight sentences. Each will be said twice. Listen carefully and write what you hear.

1. _____
2. _____
3. _____
4. _____
5. _____
6. _____
7. _____
8. _____

    © by Vista Higher Learning, Inc. All rights reserved.

Lección 3

Audio Activities

estructura

3.1 Descriptive adjectives

1 **¿Cómo son?** Use the adjective in parentheses that agrees with each subject to write descriptive sentences about them.

> **modelo**
> **(gordo, delgada)**
> Lidia: Lidia *es delgada.*
> el novio de Olga: *El novio de Olga es gordo.*

(simpático, guapos, alta)

1. la profesora de historia: _____

2. David y Simón: _____

3. el artista: _____

(trabajadora, viejo, rojas)

4. esas (*those*) mochilas: _____

5. el abuelo de Alberto: _____

6. la programadora: _____

2 **Descripciones** Complete each sentence with the correct forms of the adjectives in parentheses.

1. Lupe, Rosa y Tomás son _____ (bueno) amigos.

2. Ignacio es _____ (alto) y _____ (guapo).

3. Las maletas son _____ (azul) y _____ (grande).

4. Pedro y Vanessa son _____ (moreno), pero Diana es _____ (pelirrojo).

5. Nosotras somos _____ (inteligente) y _____ (trabajador).

6. Esos (*Those*) chicos son _____ (simpático), pero son _____ (tonto).

3 **No** Answer these questions using the adjective with the opposite meaning.

> **modelo**
> ¿Es alta Manuela?
> No, *es baja.*

1. ¿Es antipático don Antonio? _____

2. ¿Son morenas las hermanas de Lupe? _____

3. ¿Es fea la mamá de Carlos? _____

4. ¿Son viejos los primos de Sofía? _____

5. ¿Son malos los padres de Alejandro? _____

6. ¿Es guapo el tío de Andrés? _____

© by Vista Higher Learning, Inc. All rights reserved.

4 **Origen y nacionalidad** Read the names and origins of the people in this tour group. Then write sentences saying what city they are from and what their nationalities are.

> *modelo*
> Álvaro Estrada / Miami, Estados Unidos
> Álvaro Estrada **es de Miami. Es estadounidense.**

1. Lucy y Lee Hung / Pekín, China _____

2. Pierre y Marie Lebrun / Montreal, Canadá _____

3. Luigi Mazzini / Roma, Italia _____

4. Elizabeth Mitchell / Londres, Inglaterra (*England*) _____

5. Roberto Morales / Madrid, España _____

6. Andrés y Patricia Padilla / La Habana, Cuba _____

7. Paula y Cecilia Robles / San José, Costa Rica _____

8. Arnold Schmidt / Berlín, Alemania (*Germany*) _____

9. Antoinette y Marie Valois / París, Francia _____

10. Marta Zedillo / Guadalajara, México _____

5 **Completar** Complete each sentence with the correct form of the adjective in parentheses.

(bueno)

1. La clase de matemáticas es muy _____.

2. Rogelio es un _____ amigo.

3. Agustina compra una _____ mochila para (*for*) los libros.

4. Andrés y Guillermo son muy _____ estudiantes.

(malo)

5. Federico es antipático y una _____ persona.

6. Ahora es un _____ momento para descansar.

7. La comida (*food*) de la cafetería es _____.

8. Son unas semanas _____ para viajar.

(grande)

9. Hay un _____ evento en el estadio hoy.

10. Los problemas en esa (*that*) familia son muy _____.

11. La biblioteca de la escuela es _____.

12. La prima de Irma es una _____ amiga.

  © by Vista Higher Learning, Inc. All rights reserved.

Lección 3

estructura

3.1 Descriptive adjectives

1 **Transformar** Change each sentence from the masculine to the feminine. Repeat the correct answer after the speaker. (*6 items*)

> **modelo**
> El chico es mexicano.
> *La chica es mexicana.*

2 **Cambiar** Change each sentence from the singular to the plural. Repeat the correct answer after the speaker. (*6 items*)

> **modelo**
> El profesor es ecuatoriano.
> *Los profesores son ecuatorianos.*

3 **Mis compañeros de clase** Describe your classmates, using the cues. Repeat the correct response after the speaker.

> **modelo**
> *You hear:* María
> *You see:* alto
> *You say:* María es alta.

1. simpático
2. rubio
3. inteligente
4. pelirrojo y muy bonito
5. alto y moreno
6. delgado y trabajador
7. bajo y gordo
8. tonto

4 **Completar** Listen to the following description and write the missing words.

Mañana mis parientes llegan de Guayaquil. Son cinco personas: mi abuela Isabel, tío Carlos y tía Josefina, y mis primos Susana y Tomás. Mi prima es (1)_____ y (2)_____. Baila muy bien. Tomás es un niño (3)_____. Tío Carlos es (4)_____ y (5)_____. Tía Josefina es (6)_____ y (7)_____. Mi abuela es (8)_____ y muy (9)_____.

5 **La familia Rivas** Look at the photo of the Rivas family and listen to each statement. Indicate whether the statement is **cierto** or **falso**.

	Cierto	Falso
1.	○	○
2.	○	○
3.	○	○
4.	○	○
5.	○	○
6.	○	○
7.	○	○

Lección 3

Audio Activities

© by Vista Higher Learning, Inc. All rights reserved.

estructura 3.1

Estudiante 1

7 **Diferencias** (student text p. 92) You and your partner each have a drawing of a family. Find at least five more differences between your picture and your partner's.

> **modelo**
>
> **Estudiante 1:** Susana, la madre, es rubia.
> **Estudiante 2:** No, la madre es morena.

   © by Vista Higher Learning, Inc. All rights reserved.

estructura 3.1

Estudiante 2

7 **Diferencias** (student text p. 92) You and your partner each have a drawing of a family. Find at least five more differences between your picture and your partner's.

> **modelo**
> **Estudiante 1:** Susana, la madre, es rubia.
> **Estudiante 2:** No, la madre es morena.

3.2 Possessive adjectives

1 **¿De quién es?** Answer each question affirmatively using the correct possessive adjective.

> **modelo**
> ¿Es tu maleta?
> Sí, es mi maleta.

1. ¿Es la calculadora de Adela? _____

2. ¿Es mi clase de español? _____

3. ¿Son los papeles de la profesora? _____

4. ¿Es el diccionario de tu compañera de clase? _____

5. ¿Es tu novia? _____

6. ¿Son los lápices de ustedes? _____

2 **Familia** Write the appropriate forms of the possessive adjectives indicated in parentheses.

1. _____ (My) cuñada, Christine, es francesa.

2. _____ (Their) parientes están en Costa Rica.

3. ¿Quién es _____ (your fam.) tío?

4. _____ (Our) padres regresan a las diez.

5. Es _____ (his) tarea de matemáticas.

6. Linda y María son _____ (my) hijas.

7. ¿Dónde trabaja _____ (your form.) esposa?

8. _____ (Our) familia es grande.

3 **Clarificar** Add a prepositional phrase that clarifies to whom each item belongs.

> **modelo**
> ¿Es su libro? (ellos)
> ¿Es el libro de ellos?

1. ¿Cuál es su problema? (ella)

_____

2. Trabajamos con su madre. (ellos)

_____

3. ¿Dónde están sus papeles? (ustedes)

_____

4. ¿Son sus plumas? (ella)

_____

5. ¿Quiénes son sus compañeros de clase? (él)

_____

6. ¿Cómo se llaman sus sobrinos? (usted)

_____

© by Vista Higher Learning, Inc. All rights reserved.

Lección 3

4   Posesiones Write sentences using possessive adjectives to indicate who owns these items.

> *modelo*
> Yo compro un escritorio.
> Es mi *escritorio.*

1. Ustedes compran cuatro sillas. _____

2. Tú compras una mochila. _____

3. Nosotros compramos una mesa. _____

4. Yo compro una maleta. _____

5. Él compra unos lápices. _____

6. Ellos compran una calculadora. _____

5   Mi familia Paula is talking about her family. Complete her description with the correct possessive adjectives.

Somos cinco hermanos. Ricardo, José Luis y Alejandro son (1)_____ hermanos. Francisco es (2)_____ cuñado. Es el esposo de (3)_____ hermana mayor, Mercedes. Francisco es argentino. (4)_____ papás viven en Mar del Plata. Vicente es el hijo de (5)_____ hermano mayor, Ricardo. Él es (6)_____ sobrino favorito. (7)_____ mamá se llama Isabel y es española. Ellos viven con (8)_____ familia en Sevilla. José Luis estudia en Monterrey y vive con la tía Remedios y (9)_____ dos hijos, Carlos y Raquel, (10)_____ primos. Alejandro y yo vivimos con (11)_____ papás en Guadalajara. Los papás de (12)_____ mamá viven también con nosotros. Alejandro y yo compartimos (13)_____ problemas con (14)_____ abuelos. Ellos son muy buenos. Y tú, ¿cómo es (15)_____ familia?

6   Preguntas Answer these questions using possessive adjectives and the words in parentheses.

> *modelo*
> ¿Dónde está tu amiga? (Barcelona)
> Mi amiga *está en Barcelona.*

1. ¿Cómo es tu padre? (alto y moreno)

_____

2. José, ¿dónde están mis papeles? (en el escritorio)

_____

3. ¿Cómo es la escuela de Felipe? (pequeña y vieja)

_____

4. ¿De dónde son los amigos de ustedes? (puertorriqueños)

_____

5. Mami, ¿dónde está mi tarea? (en la mesa)

_____

6. ¿Cómo son los hermanos de Pilar? (simpáticos)

_____

3.2 Possessive adjectives

1 **Identificar** Listen to each statement and mark an **X** in the column for the possessive adjective you hear.

modelo

You hear: Es mi diccionario de español.
You mark: an **X** under **my**.

	my	your (familiar)	your (formal)	his/her	our	their
Modelo	X					
1.						
2.						
3.						
4.						
5.						
6.						
7.						
8.						

2 **Escoger** Listen to each question and choose the most logical response.

1. a. No, su hijastro no está aquí.
   b. Sí, tu hijastro está aquí.
2. a. No, nuestros abuelos son argentinos.
   b. Sí, sus abuelos son norteamericanos.
3. a. Sí, tu hijo trabaja ahora.
   b. Sí, mi hijo trabaja en la librería Goya.
4. a. Sus padres regresan hoy a las nueve.
   b. Mis padres regresan hoy a las nueve.
5. a. Nuestra hermana se llama Margarita.
   b. Su hermana se llama Margarita.
6. a. Tus plumas están en el escritorio.
   b. Sus plumas están en el escritorio.
7. a. No, mi sobrino es ingeniero.
   b. Sí, nuestro sobrino es programador.
8. a. Su horario es muy bueno.
   b. Nuestro horario es muy bueno.

3 **Preguntas** Answer each question you hear in the affirmative using the appropriate possessive adjective. Repeat the correct response after the speaker. (*7 items*)

modelo

¿Es tu lápiz?
Sí, es mi lápiz.

 © by Vista Higher Learning, Inc. All rights reserved.

3.3 Present tense of -er and -ir verbs

1 **Conversaciones** Complete these conversations with the correct forms of the verbs in parentheses.

(leer)

1. —¿Qué _____, Ana?
2. —_____ un libro de historia.

(vivir)

3. —¿Dónde _____ ustedes?
4. —Nosotros _____ en Nueva York. ¿Y tú?

(comer)

5. —¿Qué _____ ustedes?
6. —Yo _____ un sándwich y Eduardo _____ pizza.

(deber)

7. —Profesora, ¿_____ abrir nuestros libros ahora?
8. —Sí, ustedes _____ abrir los libros en la página 87.

(escribir)

9. —¿_____ un libro, Melinda?
10. —Sí, _____ un libro de ciencia ficción.

2 **Frases** Write complete sentences using the correct forms of the verbs in parentheses.

1. (nosotros) (Escribir) muchas composiciones en la clase de literatura.

_____

2. Esteban y Luisa (aprender) a bailar el tango.

_____

3. ¿Quién no (comprender) la lección de hoy?

_____

4. (tú) (Deber) comprar un mapa de Quito.

_____

5. Ellos no (recibir) muchos mensajes electrónicos (e-mails) de sus padres.

_____

6. (yo) (Buscar) unas fotos de mis primos.

_____

3 **¿Qué verbo es?** Choose the most logical verb to complete each sentence, and write the correct form.

1. Tú _____ (abrir, correr, decidir) en el parque (park), ¿no?
2. Yo _____ (asistir, compartir, leer) a conciertos de Juanes.
3. ¿_____ (aprender, creer, deber) a leer tu sobrino?
4. Yo no _____ (beber, vivir, comprender) la tarea de física.
5. Los estudiantes _____ (escribir, beber, comer) hamburguesas en la cafetería.
6. Mi esposo y yo _____ (decidir, leer, deber) el *Miami Herald*.

© by Vista Higher Learning, Inc. All rights reserved. **Lección 3 Estructura** Activities **75**

4 **Tú y ellos** Rewrite each sentence using the subject in parentheses. Change the verb form and possessive adjectives as needed.

> **modelo**
>
> Carolina no lee sus libros. (nosotros)
> Nosotros no leemos nuestros libros.

1. Rubén cree que la lección 3 es fácil. (ellos)

_____

2. Mis hermanos aprenden alemán en la escuela. (mi tía)

_____

3. Aprendemos a hablar, leer y escribir en la clase de español. (yo)

_____

4. Sandra escribe en su diario todos los días (*every day*). (tú)

_____

5. Comparto mis problemas con mis padres. (Víctor)

_____

6. Vives en una casa interesante y bonita. (nosotras)

_____

5 **Descripciones** Look at the drawings and use these verbs to describe what the people are doing.

| abrir | aprender | comer | leer |

1. Nosotros _____   2. Yo _____

3. Mirta _____   4. Los estudiantes _____

© by Vista Higher Learning, Inc. All rights reserved.

Lección 3

3.3 Present tense of -er and -ir verbs

1 **Identificar** Listen to each statement and mark an **X** in the column for the subject of the verb.

> **modelo**
> *You hear*: Corro con Dora mañana.
> *You mark*: an **X** under **yo**.

	yo	tú	él/ella	nosotros/as	ellos/ellas
Modelo	X				
1.					
2.					
3.					
4.					
5.					
6.					

2 **Cambiar** Listen to the following statements. Using the cues you hear, say that these people do the same activities. Repeat the correct answer after the speaker. (*8 items*)

> **modelo**
> Julia aprende francés. (mi amigo)
> *Mi amigo también aprende francés.*

3 **Preguntas** Answer each question you hear in the negative. Repeat the correct response after the speaker. (*8 items*)

> **modelo**
> ¿Viven ellos en una residencia estudiantil?
> *No, ellos no viven en una residencia estudiantil.*

4 **Describir** Listen to each statement and write the number of the statement below the drawing it describes.

a. _____ b. _____ c. _____ d. _____

© by Vista Higher Learning, Inc. All rights reserved.

estructura 3.3

Comunicación

5

Encuesta (student text p. 99) Walk around the class and ask a different classmate a question about his/her family members. Be prepared to report the results of your survey to the class.

Actividades	Miembros de la familia
1. vivir en una casa	
2. beber café	
3. correr todos los días (every day)	
4. comer mucho en restaurantes	
5. recibir mucho correo electrónico (e-mails)	
6. comprender tres lenguas	
7. deber estudiar más (more)	
8. leer muchos libros	

© by Vista Higher Learning, Inc. All rights reserved.

estructura 3.3

Estudiante 1

6 **Horario** (student text p. 99) You and your partner each have incomplete versions of Alicia's schedule. Fill in the missing information on the schedule by talking to your partner. Be prepared to reconstruct Alicia's complete schedule with the class.

> **modelo**
>
> **Estudiante 1:** A las *ocho,* Alicia *corre.*
> **Estudiante 2:** ¡Ah, sí! *(Writes down information.)*
> **Estudiante 2:** A las *nueve,* ella…

Mi agenda
20 de octubre

8:00	correr
9:00	
9:30	deber ir (*go*) a la escuela
10:00	
11:00	
12:30	comer en la cafetería con Roberto y Luis
2:00	recibir y escribir correo electrónico (*e-mail*)
3:00	
4:00	leer en la biblioteca
5:00	
6:00	deber estar en casa y estudiar

Now compare your own daily planners to Alicia's.

© by Vista Higher Learning, Inc. All rights reserved.

Lección 3 Communication Activities   **79**

estructura 3.3

Estudiante 2

6 **Horario** (student text p. 99) Your and your partner each have incomplete versions of Alicia's
schedule. Fill in the missing information on the schedule by talking to your partner. Be prepared to
reconstruct Alicia's complete schedule with the class.

> **modelo**
> **Estudiante 1:** A las ocho, Alicia corre.
> **Estudiante 2:** ¡Ah, sí! (Writes down information.)
> **Estudiante 2:** A las nueve, ella…

Mi agenda
20 de octubre

8:00	
9:00	desayunar
9:30	
10:00	asistir a la clase de historia
11:00	asistir a la clase de arte
12:30	
2:00	
3:00	Compartir el libro de historia con Margarita en la biblioteca
4:00	
5:00	Cenar en un restaurante con la familia
6:00	

Now compare your own daily planners to Alicia's.

 © by Vista Higher Learning, Inc. All rights reserved.

3.4 Present tense of **tener** and **venir**

1   **Completar** Complete these sentences with the correct forms of **tener** and **venir**.

1. ¿A qué hora _____ ustedes al estadio?

2. ¿_____ tú a la escuela en autobús?

3. Nosotros _____ una prueba de geografía mañana.

4. ¿Por qué no _____ Juan a la clase de literatura?

5. Yo _____ dos hermanos y mi prima _____ tres.

6. ¿_____ ustedes fotos de sus parientes?

7. Mis padres _____ unos amigos japoneses.

8. Inés _____ con su esposo y yo _____ con Ernesto.

9. Marta y yo no _____ al laboratorio los sábados.

10. ¿Cuántos nietos _____ tú?

11. Yo _____ la clase de inglés a las once de la mañana.

12. Mis amigos _____ a comer a la cafetería hoy.

2   **¿Qué tienen?** Rewrite each sentence, using the logical expression with **tener**.

1. Los estudiantes (tienen hambre, tienen miedo de) tomar el examen de química.

_____

2. Las turistas (tienen sueño, tienen prisa) por llegar al autobús.

_____

3. Mi madre (tiene cincuenta años, tiene razón) siempre (*always*).

_____

4. Vienes a la cafetería cuando (tienes hambre, tienes frío).

_____

5. (Tengo razón, Tengo frío) en la biblioteca porque abren las ventanas.

_____

6. Rosaura y María (tienen calor, tienen ganas) de mirar la televisión.

_____

7. Nosotras (tenemos cuidado, no tenemos razón) con el sol (*sun*).

_____

8. David toma mucha agua cuando (tiene miedo, tiene sed).

_____

3 **Expresiones con *tener*** Complete each sentence with the correct expression and the appropriate form of **tener**.

tener cuidado	tener miedo	tener mucha suerte	tener que
tener ganas	tener mucha hambre	tener prisa	tener razón

1. Mis sobrinos _____ del perro (*dog*) de mis abuelos.

2. Necesitas _____ con la computadora portátil (*laptop*).

3. Yo _____ practicar el vocabulario de español.

4. Lola y yo _____ de escuchar música latina.

5. Anita cree que (*that*) dos más dos son cinco. Ella no _____.

6. Ganas (*You win*) cien dólares en la lotería. Tú _____.

Síntesis

Tus parientes Choose an interesting relative of yours and write a description of that person. Use possessive adjectives, descriptive adjectives, the present tense of **tener** and **venir**, the present tense of **-er** and **-ir** verbs, and lesson vocabulary to answer these questions in your description.

- ¿Quién es?
- ¿Cómo es?
- ¿De dónde viene?
- ¿Cuántos hermanos/primos/hijos... tiene?
- ¿Cómo es su familia?
- ¿Dónde vive?
- ¿Cuántos años tiene?
- ¿De qué tiene miedo?

_____

_____

_____

_____

_____

_____

_____

_____

_____

_____

_____

_____

Lección 3

© by Vista Higher Learning, Inc. All rights reserved.

3.4 Present tense of **tener** and **venir**

1 Cambiar Form a new sentence using the cue you hear as the subject. Repeat the correct answer after the speaker. (6 *items*)

> **modelo**
> Alicia viene a las seis. (David y Rita)
> David y Rita vienen a las seis.

2 Consejos (*Advice*) Some people are not doing what they should. Say what they have to do. Repeat the correct response after the speaker. (6 *items*)

> **modelo**
> Elena no trabaja.
> Elena tiene que trabajar.

3 Preguntas Answer each question you hear using the cue. Repeat the correct answer after the speaker.

> **modelo**
> ¿Tienen sueño los niños? (no)
> No, los niños no tienen sueño.

1. sí, (yo)   3. no, (nosotros)   5. sí, (mi abuela)   7. el domingo
2. Roberto   4. sí, dos, (yo)   6. mis tíos

4 Situaciones Listen to each situation and choose the appropriate **tener** expression. Each situation will be repeated.

1. a. Tienes sueño.   b. Tienes prisa.
2. a. Tienen mucho cuidado.   b. Tienen hambre.
3. a. Tenemos mucho calor.   b. Tenemos mucho frío.
4. a. Tengo sed.   b. Tengo hambre.
5. a. Ella tiene razón.   b. Ella no tiene razón.
6. a. Tengo miedo.   b. Tengo sueño.

5 Mi familia Listen to the following description. Then read the statements and decide whether they are **cierto** or **falso**.

	Cierto	Falso		Cierto	Falso
1. Francisco desea ser periodista.	O	O	4. Él tiene una familia pequeña.	O	O
2. Francisco tiene 20 años.	O	O	5. Su madre es inglesa.	O	O
3. Francisco vive con su familia.	O	O	6. Francisco tiene una hermana mayor.	O	O

vocabulario

You will now hear the vocabulary found in your textbook on the last page of this lesson. Listen and repeat each Spanish word or phrase after the speaker.

© by Vista Higher Learning, Inc. All rights reserved.   **Lección 3** Audio Activities   **83**

Lección 3 | Audio Activities

escritura

Lección 3

Estrategia
Using idea maps

How do you organize ideas for a first draft? Often, the organization of ideas represents the most challenging part of the process. Idea maps are useful for organizing pertinent information. Here is an example of an idea map you can use:

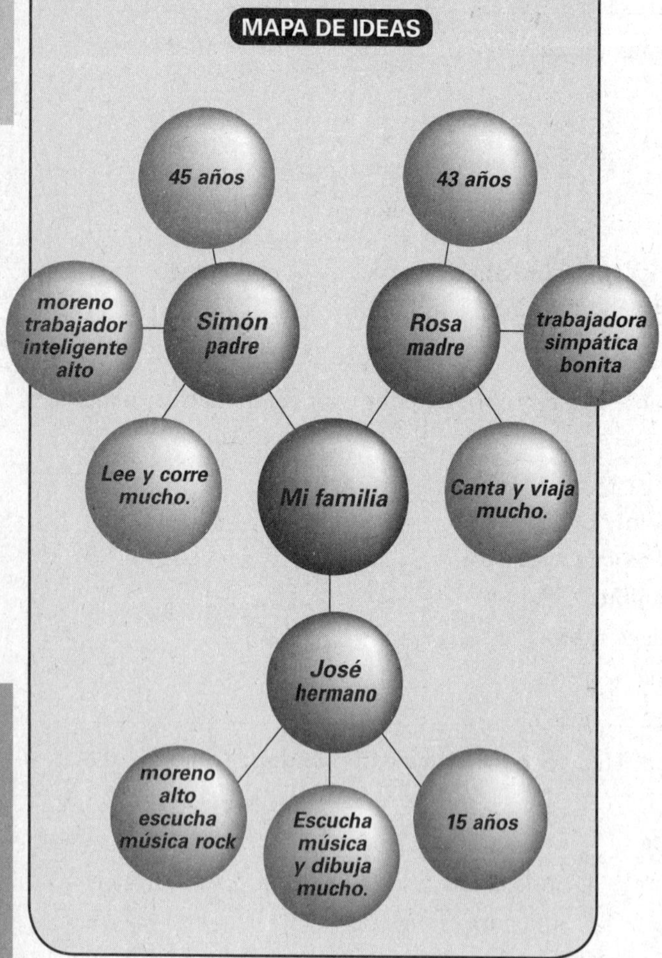

Tema
Escribir un mensaje electrónico

Antes de escribir

1. You are going to write an e-mail that includes a description of your family. Before you begin, create an idea map like the one at left, with a circle for each member of your family. Be sure to include information from each of these categories for each family member:
   - ▶ Names and their relationship to you
   - ▶ Physical characteristics
   - ▶ Hobbies and interests
2. Once you have completed your idea map, compare it with the one created by a classmate. Did you both include the same kind of information? Did you list all your family members? Did you include information from each of the three categories for each person?

 © by Vista Higher Learning, Inc. All rights reserved.

3. Since you will be writing an e-mail, review these useful expressions for correspondence in Spanish, and note the accompanying punctuation marks:

Salutations

Estimado/a Julio/Julia: *Dear Julio/Julia,*
Querido/a Miguel/Ana María: *Dear Miguel/Ana María,*

Closings

Un abrazo,   *A hug,*
Abrazos,   *Hugs,*
Cariños,   *Much love,*
¡Hasta pronto!   *See you soon!*
¡Hasta la próxima semana! *See you next week!*

Escribir

Use your idea map and the list of expressions to write an e-mail that describes your family to a friend. Be sure to include some of the verbs and adjectives you have learned in this lesson, along with present tense forms of -ar, -er, and -ir verbs.

Después de escribir

1. Exchange rough drafts with a partner. Comment on his or her work by answering these questions:

   ▶ Did your partner make the adjectives agree with the person described?
   ▶ Did your partner include the age, family relationship, physical characteristics, and hobbies and interests of each family member?
   ▶ Did your partner use present tense forms of -ar, -er, and -ir verbs correctly?
   ▶ Did your partner use the expressions for correspondence correctly?

2. Revise your description according to your partner's comments. After writing the final version, read it once more to eliminate these kinds of problems:

   ▶ spelling errors
   ▶ punctuation errors
   ▶ capitalization errors
   ▶ use of the wrong verb form
   ▶ adjectives that do not agree with the nouns they modify

Lección 3

Writing Activities

La familia

Antes de ver el video

1 **Más vocabulario** Look over these useful words before you watch the video.

Vocabulario útil	
el canelazo *typical drink from Ecuador*	¡Qué familia tan grande tiene! *Your family is so big!*
la casa *house*	¡Qué grande es tu casa…! *Your house is so big!*
Día de la Madre *Mother's Day*	¿Quién pelea con quién? *Who fights with whom?*
Ésta es la cocina. *This is the kitchen.*	te muestro *I'll show you*
Éste es un patio interior.	Vamos. *Let's go.*
This is an interior patio.	

2 **¡En español!** Look at the video still. Imagine what Mónica will say about families in Ecuador, and write a two- or three-sentence introduction to this episode.

Mónica, Quito

¡Hola, amigos! Bienvenidos a otra aventura de *Flash cultura*. Hoy

vamos (*we are going*) a hablar de… _____

_____

_____

_____

_____

_____

_____

Mientras ves el video

3 **Identificar** Identify which family these people belong to: **los Valdivieso**, **los Bolaños**, or both.

Personas	Los Valdivieso	Los Bolaños
1. abuelos	_____	_____
2. novia	_____	_____
3. esposo	_____	_____
4. esposa	_____	_____
5. sobrinos	_____	_____
6. dos hijos y una hija	_____	_____

Lección 3

Video Activities: *Flash cultura*

    © by Vista Higher Learning, Inc. All rights reserved.

4 **Emparejar** Watch as Mrs. Valdivieso gives Mónica a tour of the house. Match the captions to the appropriate images.

1. _____   2. _____   3. _____

a. Y éste es el comedor… Todos comemos aquí.

b. Vamos, te enseño el resto de la casa.

c. Éste es un patio interior. Aquí hacemos reuniones familiares.

d. Finalmente, ésta es la cocina.

e. ¿Qué están haciendo hoy en el parque?

Después de ver el video

5 **¿Cierto o falso?** Indicate whether each statement is **cierto** or **falso**.

1. En el parque, una familia celebra el Día de la Madre. _____

2. La familia Valdivieso representa la familia moderna y la familia Bolaños representa la familia tradicional. _____

3. Los Bolaños no viven en Quito. _____

4. Bernardo tiene animales en su casa. _____

5. Los Valdivieso toman canelazo. _____

6 **¿Qué te gusta?** Imagine that you are one of the Valdivieso children and that Mónica asks you about your likes and dislikes. Select one of the children and write a paragraph using the cues provided.

| bailar | dibujar | hermanos | padres |

_____

_____

_____

_____

7 **Andy, un chico con novia** Andy's parents just found out that he has a girlfriend. Imagine that they are being introduced to her for the first time. Write five questions they would ask her.

_____

_____

_____

_____

Lección 3

Video Activities: *Flash cultura*

panorama

Ecuador

1 **¿Cierto o falso?** Indicate whether the statements are **cierto** or **falso**. Correct the false statements.

1. Ecuador tiene aproximadamente el área de Rhode Island.

_____

2. Panamá y Chile limitan con (*border*) Ecuador.

_____

3. Las islas Galápagos están en el océano Pacífico.

_____

4. Quito está en la cordillera de los Andes.

_____

5. Todos (*All*) los ecuatorianos hablan lenguas indígenas.

_____

6. Rosalía Arteaga es novelista y pintora.

_____

7. Hay volcanes activos en Ecuador.

_____

8. Oswaldo Guayasamín fue un novelista ecuatoriano famoso.

_____

2 **El mapa de Ecuador** Fill in the blanks on this map with the correct geographical names.

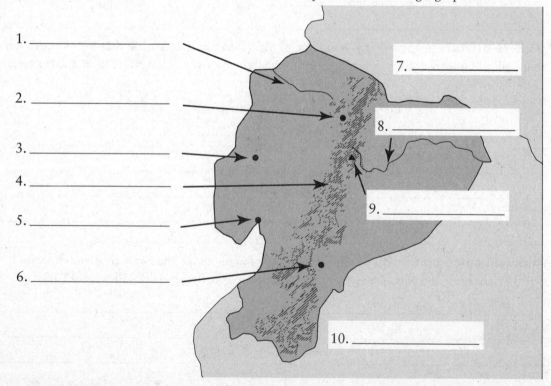

1. _____

2. _____

3. _____

4. _____

5. _____

6. _____

7. _____

8. _____

9. _____

10. _____

     © by Vista Higher Learning, Inc. All rights reserved.

3 **Fotos de Ecuador** Label the place shown in each photograph.

1. _____

2. _____

3. _____

4 **Descripción de Ecuador** Answer these questions using complete sentences.

1. ¿Cómo se llama la moneda de Ecuador?

_____

2. ¿Qué idiomas hablan los ecuatorianos?

_____

3. ¿Por qué son las islas Galápagos un verdadero tesoro ecológico?

_____

4. ¿Por qué vienen muchos turistas a Ecuador?

_____

5. ¿Cómo es el estilo artístico de Guayasamín?

_____

6. ¿Qué es la Mitad del Mundo?

_____

7. ¿Qué deportes puedes hacer (*can you do*) en los Andes?

_____

8. ¿Dónde viven las tortugas gigantes?

_____

Panorama: Ecuador

Antes de ver el video

1 Más vocabulario Look over these useful words and expressions before you watch the video.

Vocabulario útil		
algunas *some*	otro *other*	todo *every*
científico *scientist*	pingüino *penguin*	tomar fotografías *to take pictures*
guía *guide*	recurso *resource*	tortuga *tortoise*

2 Foto Describe the video still. Write at least three sentences in Spanish.

_____

_____

_____

_____

_____

_____

_____

3 Predecir Look at the video still from the previous activity and write at least two sentences in Spanish about what you think you will see in this video.

_____

_____

_____

4 Emparejar Find the items in the second column that correspond to the ones in the first.

_____ 1. grande   a. near

_____ 2. pequeña   b. about

_____ 3. vieja   c. here

_____ 4. también   d. big

_____ 5. aquí   e. very

_____ 6. sobre   f. old

_____ 7. muy   g. also

_____ 8. cerca de   h. small

_____ 9. para   i. for

Video Activities: *Panorama cultural* Lección 3

  © by Vista Higher Learning, Inc. All rights reserved.

Mientras ves el video

5 **Marcar** Check off the verbs you hear while watching the video.

_____ 1. aprender   _____ 5. escribir   _____ 9. tener

_____ 2. bailar   _____ 6. estudiar   _____ 10. tomar

_____ 3. beber   _____ 7. leer   _____ 11. vivir

_____ 4. comprar   _____ 8. recibir

Después de ver el video

6 **Responder** Answer the questions in Spanish. Use complete sentences.

1. ¿En qué océano están las islas Galápagos?

_____

_____

2. ¿Qué hacen los científicos que viven en las islas?

_____

_____

3. ¿Qué hacen los turistas que visitan las islas?

_____

_____

4. ¿Qué proyectos tiene la Fundación Charles Darwin?

_____

_____

5. ¿Cuáles son los animales más grandes que viven en las islas?

_____

_____

6. ¿Por qué son importantes estas islas?

_____

_____

7 **Preferencias** Of all the animals you saw in this video, which was your favorite? Write three sentences in Spanish describing your favorite animal.

_____

_____

_____

_____

Video Activities: Panorama cultural   **Lección 3**

1 **¿Ser o estar?** Complete each sentence with the correct form of **ser** or **estar**.

1. Los abuelos de Maricarmen _____ de España.

2. La cafetería de la escuela _____ cerca del estadio.

3. Gerónimo y Daniel _____ estudiantes de la Escuela Verdaguer.

4. —Hola, Gabriel. _____ María. ¿Cómo _____?

5. El cuaderno de español _____ debajo del libro de química.

6. Victoria no viene a clase hoy porque _____ enferma.

2 **¿Quiénes son?** Read the clues and complete the chart. Write out the numbers.

1. La persona de los Estados Unidos tiene 32 años.
2. David es de Canadá.
3. La programadora no es la persona de Cuba.
4. El conductor tiene 45 años.
5. Gloria es artista.
6. La médica tiene 51 años.
7. La persona de España tiene ocho años menos que el conductor.
8. Ana es programadora.

Nombre	Profesión	Edad (*Age*)	Nacionalidad
Raúl	estudiante	diecinueve	mexicano
Carmen			
			estadounidense
David			
	programadora		

3 **Oraciones** Form complete sentences using the words provided. Write out the words for numbers.

1. ¿cómo / estar / usted, / señora Rodríguez?

_____

2. estudiante / llegar / grande / biblioteca / 5:30 p.m.

_____

3. hay / 15 / cuadernos / sobre / escritorio

_____

4. nieto / Inés / aprender / español / escuela

_____

5. conductora / autobús / no / ser / antipático

_____

6. abuelo / Lisa / tener / 72 / años

_____

4 **Preguntas** Write sentences with the words provided. Then make each statement into a question.

1. clase de contabilidad / ser / 11:45 a.m.

_____

_____

2. su tía / favorito / tener / 35 años

_____

_____

3. tu profesor / biología / ser / México

_____

_____

4. biblioteca / estar / cerca / cafetería

_____

_____

5 **Los países** Complete these sentences with information from the **Panorama** sections.

1. En Miami, hay un barrio cubano que se llama la _____.

2. Las personas de origen _____ son el grupo hispano más grande en los EE.UU.

3. Las islas Baleares y las islas Canarias son parte de _____.

4. La lengua indígena que más se habla en Ecuador es el _____.

6 **Tu familia** Imagine that these people are your relatives. Choose one and write several sentences about that person. First, say where the person is located in the photo. Include this information: name, relationship to you, profession, age, and place of origin. Describe the person and his or her activities using the adjectives and verbs you have learned.

_____

_____

_____

_____

_____

    © by Vista Higher Learning, Inc. All rights reserved.

contextos   Lección 4

1   **Los deportes** Name the sport associated with each object. Include the definite article.

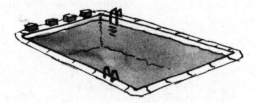

1. _____   2. _____

3. _____   4. _____

5. _____   6. _____

2   **Una es diferente** Write the word that does not belong in each group.

1. pasatiempo, diversión, ratos libres, trabajar _____

2. patinar, descansar, esquiar, nadar, bucear _____

3. baloncesto, películas, fútbol, tenis, vóleibol _____

4. museo, equipo, jugador, partido, pelota _____

5. correo electrónico, revista, periódico, tenis _____

6. cine, deportivo, gimnasio, piscina, restaurante _____

© by Vista Higher Learning, Inc. All rights reserved.   **Lección 4 Contextos** Activities

3 **¿Qué son?** Write each of these words in the appropriate column in the chart.

andar en patineta	fútbol	montaña
baloncesto	gimnasio	natación
béisbol	jugar un videojuego	pasear
centro	leer una revista	restaurante

Deportes	Lugares	Actividades

4 **El fin de semana** Esteban is a very active young man. Complete the paragraph about his weekend with the appropriate words from the word bank.

Esteban

el centro	el monumento	una pelota
el cine	un museo	el periódico
deportes	la natación	la piscina
el gimnasio	el partido	un restaurante

Siempre leo (1)_____ los domingos por la mañana. Después, me gusta practicar

(2)_____. A veces, nado en (3)_____ que hay en el parque.

Cuando no nado, hago ejercicio (*exercise*) en (4)_____. Cuando hay mucho

tráfico en (5)_____, voy al gimnasio en bicicleta.

Cuando no como en casa, como en (6)_____ con mis amigos, y luego nosotros

podemos ver (7)_____ de béisbol. Algunos días, veo películas. Me gusta más ver

películas en (8)_____ que en mi casa.

     © by Vista Higher Learning, Inc. All rights reserved.

contextos

1 **Lugares** You will hear six people describe what they are doing. Choose the place that corresponds to the activity.

1. _____
2. _____
3. _____
4. _____
5. _____
6. _____

a. el museo   e. el estadio

b. el café   f. las montañas

c. la piscina   g. el parque

d. el cine   h. la biblioteca

2 **Describir** For each drawing, you will hear two statements. Choose the one that corresponds to the drawing.

1. a. b.

2. a. b.

3. a.   b.

4. a.   b.

3 **Completar** Listen to this description and write the missing words.

Chapultepec es un (1) _____ muy grande en el (2) _____ de

la (3) _____ de México. Los (4) _____ muchas

(5) _____ llegan a Chapultepec a pasear, descansar y practicar

(6) _____ como (*like*) el (7) _____, el fútbol, el vóleibol y

el (8) _____. Muchos turistas también (9) _____ por

Chapultepec. Visitan los (10) _____ y el (11) _____ a los

Niños Héroes.

© by Vista Higher Learning, Inc. All rights reserved.   **Lección 4** Audio Activities

contextos

Estudiante 1

7 **Crucigrama** (student text p. 119) You and your partner each have incomplete crossword puzzles. Yours has the words your partner needs and vice versa. In order to complete the puzzle, take turns giving each other clues, using definitions, examples, and phrases.

> **Modelo**
> **5 horizontal:** Es un *deporte que practicamos en la piscina.*
> **8 vertical:** Es un *mensaje que escribimos con lápiz o con bolígrafo.*

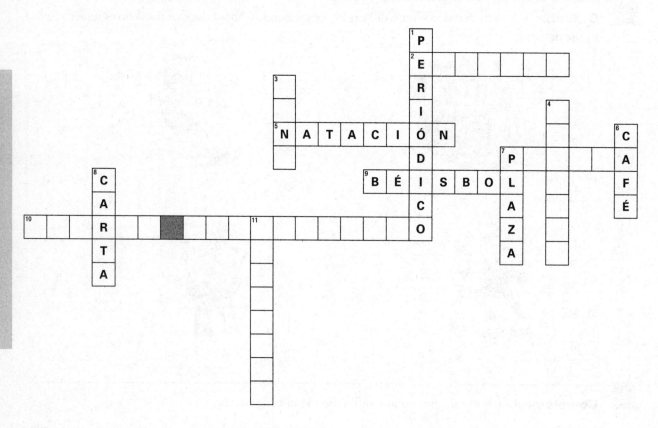

© by Vista Higher Learning, Inc. All rights reserved.

contextos

Estudiante 2

7 **Crucigrama** (student text p. 119) You and your partner each have incomplete crossword puzzles. Yours has the words your partner needs and vice versa. In order to complete the puzzle, take turns giving each other clues, using definitions, examples, and phrases.

Modelo

5 horizontal: Es un *deporte que practicamos en la piscina.*

8 vertical: Es un *mensaje que escribimos con lápiz o con bolígrafo.*

Fútbol, cenotes y mole — Lección 4

Antes de ver el video

1 **El cenote** In this episode, Miguel, Maru, Marissa, and Jimena are going to a *cenote* to swim. What do you think they will see? What will they talk about?

_____
_____
_____
_____
_____
_____

Mientras ves el video

2 **Verbos** These sentences are taken from **Fútbol, cenotes y mole**. As you watch this segment, fill in the blanks with the missing verbs.

1. ¿No vamos a _____? ¿Qué es un cenote?
2. Ella nada y _____ al tenis y al golf.
3. Bueno, chicos, ya es hora, ¡_____!
4. Si _____, compramos el almuerzo.

3 **¿Qué ves?** Check what you see.

____ 1. una pelota de fútbol
____ 2. un mensaje de correo electrónico
____ 3. una iglesia
____ 4. un mapa
____ 5. un periódico
____ 6. un restaurante
____ 7. una plaza
____ 8. un cine

4 **Completar** Fill in the blanks in Column A with words from Column B.

A

1. Miguel dice que un cenote es una _____ natural.
2. Marissa dice que donde ella vive no hay _____.
3. La tía Ana María tiene muchos _____ y actividades.
4. La tía Ana María va al cine y a los _____.
5. Eduardo y Pablo dicen que hay un partido de fútbol en el _____.
6. Don Guillermo dice que hay muchos _____ buenos en Mérida.
7. Felipe desea _____ mole.
8. Marissa y sus amigos _____ en el cenote.

B

montañas
pasatiempos
almorzar
museos
nadan
piscina
restaurantes
parque

 © by Vista Higher Learning, Inc. All rights reserved.

Después de ver el video

5 **¿Qué hacen?** For numbers 1–11, fill in the missing letters in each word. For number 12, put the letters in the boxes in the right order.

1. Pablo dice que si no consigue más jugadores, su equipo va a ☐ _ _ d _ _.

2. Miguel dice que en México sólo hay _ _ n _ _ _ ☐ en la península de Yucatán.

3. Felipe dice que el restaurante del mole está en el _ _ _ ☐ _ o.

4. La tía Ana María sale mucho los _ _ n _ ☐ de semana.

5. Don Guillermo dice que hay un buen restaurante en la ☐ _ a _ _.

6. El mole de la tía Ana María es el _ _ v _ _ ☐ _ _ de Jimena.

7. Juan Carlos y Felipe van a _ _ _ ☐ r al fútbol con Eduardo y Pablo.

8. Eduardo juega con la p ☐ _ _ _ _ después del partido.

9. Eduardo y Pablo van a pagar lo que Felipe y Juan Carlos van a ☐ _ m _ _ _ _ _.

10. Marissa no escala ☐ _ _ t _ _ _ _.

11. Los chicos hablan con don Guillermo después de jugar al _ _ _ b ☐ _.

12. La tía Ana María tiene muchos _____.

6 **Me gusta** Fill in the chart with the activities, hobbies, or sports that you enjoy. Also say when and where you do each activity.

Mis pasatiempos favoritos	¿Cuándo?	¿Dónde?

7 **Preguntas** Answer these questions in Spanish.

1. ¿Son aficionados/as a los deportes tus amigos/as? ¿Cuáles son sus deportes favoritos?

_____

_____

2. ¿Qué hacen tú y tus amigos/as cuando tienen ratos libres?

_____

_____

3. ¿Qué vas a hacer esta noche? ¿Vas a estudiar? ¿Descansar? ¿Mirar televisión? ¿Ver una película? ¿Por qué? _____

_____

pronunciación

Word stress and accent marks

Every Spanish syllable contains at least one vowel. When two vowels are joined in the same syllable, they form a diphthong. A monosyllable is a word formed by a single syllable.

pe - **lí** - cu - la   e - di - **fi** - cio   ver   yo

The syllable of a Spanish word that is pronounced most emphatically is the "stressed" syllable.

bi - blio - **te** - ca   vi - si - **tar**   **par** - que   **fút** - bol

Words that end in **n, s**, or a **vowel** are usually stressed on the next-to-last syllable.

pe - **lo** - ta   pis - **ci** - na   **ra** - tos   **ha** - blan

If words that end in **n, s**, or a **vowel** are stressed on the last syllable, they must carry an accent mark on the stressed syllable.

na - ta - **ción**   pa - **pá**   in - **glés**   Jo - **sé**

Words that do not end in **n, s**, or a **vowel** are usually stressed on the last syllable.

bai - **lar**   es - pa - **ñol**   u - ni - ver - si - **dad**   tra - ba - ja - **dor**

If words that do not end in **n, s**, or a **vowel** are stressed on the next-to-last syllable, they must carry an accent mark on the stressed syllable.

béis - bol   **lá** - piz   **ár** - bol   **Gó** - mez

1 **Práctica** Repeat each word after the speaker, stressing the correct syllable.

1. profesor
2. Puebla
3. ¿Cuántos?
4. Mazatlán
5. examen
6. ¿Cómo?
7. niños
8. Guadalajara
9. programador
10. México
11. están
12. geografía

2 **Conversación** Repeat the conversation after the speaker to practice word stress.

MARINA Hola, Carlos. ¿Qué tal?
CARLOS Bien. Oye, ¿a qué hora es el partido de fútbol?
MARINA Creo que es a las siete.
CARLOS ¿Quieres ir?
MARINA Lo siento, pero no puedo. Tengo que estudiar biología.

3 **Refranes** Repeat each saying after the speaker to practice word stress.

1. Quien ríe de último, ríe mejor.   2. En la unión está la fuerza.

4 **Dictado** You will hear six sentences. Each will be said twice. Listen carefully and write what you hear.

1. _____
2. _____
3. _____
4. _____
5. _____
6. _____

© by Vista Higher Learning, Inc. All rights reserved.

Nombre _____ Fecha _____

estructura

4.1 Present tense of **ir**

1 Vamos a la escuela Complete the paragraph with the correct forms of **ir**.

Alina, Cristina y yo somos buenas amigas. (*Nosotras*) (1)_____ a la escuela a las siete de la mañana todos los días (*every day*). Mis amigas y yo (2)_____ al centro de computación y leemos el correo electrónico. A las ocho Alina y Cristina (3)_____ a su clase de matemáticas y yo (4)_____ a mi clase de historia. Luego (*Afterwards*), yo (5)_____ a mis clases de inglés y matemáticas. A las doce (yo) (6)_____ a la cafetería y como con ellas. Luego, Alina y yo (7)_____ a practicar deportes. Yo (8)_____ a practicar fútbol y Alina (9)_____ a practicar baloncesto. Cristina (10)_____ a su clase de inglés. Los fines de semana Alina, Cristina y yo (11)_____ al cine.

2 Los planes Mr. Díaz wants to make sure he knows about everything that is going on. Answer his questions in complete sentences using the words in parentheses.

1. ¿Adónde van Marissa y Felipe? (pasear por la ciudad)

_____

2. ¿Cuándo van a correr los chicos? (noche)

_____

3. ¿A qué hora van al Bosque de Chapultepec? (a las dos y media)

_____

4. ¿Cuándo van a ir a la playa? (martes)

_____

5. ¿Qué va a hacer Jimena en el parque? (leer un libro)

_____

6. ¿Qué va a hacer Felipe en el parque? (jugar al fútbol)

_____

© by Vista Higher Learning, Inc. All rights reserved.

3   **Conversación** Complete this conversation with the correct forms of **ir**.

ELENA   ¡Hola, Daniel! ¿Qué tal?

DANIEL   Muy bien, gracias. ¿Y tú?

ELENA   Muy bien. ¿Adónde (1)_____ ahora?

DANIEL   (2)_____ al cine a ver una película. ¿Quieres (3)_____ conmigo?

ELENA   No, gracias. Tengo mucha prisa ahora. (4)_____ al museo de arte.

DANIEL   ¿Y adónde (5)_____ hoy por la noche?

ELENA   Mi amiga Marta y yo (6)_____ a comer en un restaurante italiano.

¿Quieres (7)_____ con nosotras?

DANIEL   ¡Sí! ¿Cómo (8)_____ ustedes al restaurante?

ELENA   (9)_____ en autobús. Hay un autobús que (10)_____

directamente al barrio (*neighborhood*) italiano.

DANIEL   ¿A qué hora (11)_____ ustedes?

ELENA   Creo que (12)_____ a llegar al restaurante a las siete.

DANIEL   ¿Desean (13)_____ a jugar al béisbol luego (*afterwards*)?

ELENA   ¡Sí!

DANIEL   (14)_____ a invitar a nuestro amigo Pablo también. ¡Nos vemos a las siete!

ELENA   ¡Chau, Daniel!

4   **¡Vamos!** Víctor is planning a weekend with his friends. Combine elements from each column to describe what everyone is going to do. Use the correct verb forms.

ustedes	ver películas	el domingo
nosotros	ir al estadio de fútbol	el fin de semana
Víctor	tomar el sol	al mediodía
Claudio y su primo	visitar monumentos	a las tres
tú	pasear por el parque	por la noche
yo	comer en el restaurante	por la mañana

_____

_____

_____

_____

_____

_____

_____

_____

   © by Vista Higher Learning, Inc. All rights reserved.

estructura

4.1 Present tense of **ir**

1 **Identificar** Listen to each sentence and mark an **X** in the column for the subject of the verb you hear.

modelo
> *You hear:* Van a ver una película.
> *You mark:* an **X** under **ellos/ellas**.

	yo	tú	él/ella	nosotros/as	ellos/ellas
Modelo					X
1.					
2.					
3.					
4.					
5.					
6.					

2 **Cambiar** Form a new sentence using the cue you hear as the subject. Repeat the correct answer after the speaker. (*8 items*)

modelo
> Ustedes van al Museo Frida Kahlo. (yo)
> *Yo voy al Museo Frida Kahlo.*

3 **Preguntas** Answer each question you hear using the cue. Repeat the correct response after the speaker.

modelo
> *You hear:* ¿Quiénes van a la piscina?
> *You see:* Gustavo y Elisa
> *You say:* Gustavo y Elisa van a la piscina.

1. mis amigos
2. en el Café Tacuba
3. al partido de baloncesto
4. no
5. sí
6. pasear en bicicleta

4 **¡Vamos!** Listen to this conversation. Then read the statements and decide whether they are **cierto** or **falso**.

	Cierto	Falso
1. Claudia va a ir al gimnasio.	○	○
2. Claudia necesita comprar una mochila.	○	○
3. Sergio va a visitar a su tía.	○	○
4. Sergio va al gimnasio a las ocho de la noche.	○	○
5. Sergio va a ir al cine a las seis.	○	○
6. Claudia y Sergio van a ver una película.	○	○

© by Vista Higher Learning, Inc. All rights reserved.

Audio Activities

estructura 4.1

Comunicación

5 **Encuesta** (student text p. 128) Walk around the class and ask your classmates if they are going to do these activities today. Find one person to answer **Sí** and one to answer **No** for each item and note their names on the worksheet in the appropriate column. Be prepared to report your findings to the class.

modelo

Tú: ¿Vas a leer el periódico hoy?
Ana: Sí, voy a leer el periódico hoy. *Ana Sí*
Luis: No, no voy a leer el periódico hoy. *Luis No*

Actividades	Sí	No
1. comer en un restaurante chino		
2. leer el periódico		
3. escribir un mensaje electrónico		
4. correr 20 kilómetros		
5. ver una película de horror		
6. pasear en bicicleta		

© by Vista Higher Learning, Inc. All rights reserved.

Communication Activities

4.2 Stem-changing verbs: **e:ie, o:ue**

1 **¿Qué hacen?** Write complete sentences using the cues provided.

1. Vicente y Francisco / jugar / al vóleibol los domingos

_____

2. Adela y yo / empezar / a tomar clases de tenis

_____

3. ustedes / volver / de Cancún el viernes

_____

4. los jugadores de béisbol / recordar / el partido importante

_____

5. la profesora / mostrar / las palabras del vocabulario

_____

6. Adán / preferir / escalar la montaña de noche

_____

7. (yo) / entender / el plan de estudios

_____

8. (tú) / cerrar / los libros y te vas a dormir

_____

2 **Quiero ir** Alejandro wants to go on a hike with his friends, but Gabriela says he doesn't have time. Write the correct forms of the verbs in parentheses.

ALEJANDRO ¿(1)_____ (poder) ir a la excursión con ustedes? Aunque (*Although*) tengo que volver a mi casa a las tres.

GABRIELA No, no (2)_____ (poder) venir. Nosotros (3)_____ (pensar) salir a las doce.

ALEJANDRO Yo (4)_____ (querer) ir. ¿(5)_____ (poder) ustedes volver a las dos?

GABRIELA No, tú tienes que comprender: Nosotros no (6)_____ (volver) a las dos. Nosotros (7)_____ (preferir) estar más tiempo en el pueblo.

ALEJANDRO Bueno, ¿a qué hora (8)_____ (pensar) regresar?

GABRIELA Yo no (9)_____ (pensar) volver hasta las cinco o las seis de la tarde.

3 **No, no quiero** Answer these questions negatively, using complete sentences.

> **modelo**
> ¿Puedes ir a la biblioteca a las once?
> No, no puedo ir a la biblioteca a las once.

1. ¿Quieren ustedes patinar en línea con nosotros?

   _____

2. ¿Recuerdan ellas los libros que necesitan?

   _____

3. ¿Prefieres jugar al fútbol a nadar en la piscina?

   _____

4. ¿Duermen tus sobrinos en casa de tu abuela?

   _____

5. ¿Juegan ustedes al baloncesto en la escuela?

   _____

6. ¿Piensas que la clase de química es difícil?

   _____

7. ¿Encuentras el programa de computadoras en la librería?

   _____

8. ¿Vuelven ustedes a casa a las seis?

   _____

9. ¿Puedo tomar el autobús a las ocho de la noche?

   _____

10. ¿Entendemos la tarea de literatura?

    _____

4 **Mensaje electrónico** Complete this e-mail message with the correct form of the logical verb. Use each verb once.

dormir
empezar
entender
jugar
pensar
poder
preferir
querer
volver

Para Daniel Moncada	De Paco	Asunto Saludo

Hola, Daniel. Estoy con Mario en la biblioteca. Los exámenes
(1)_____ mañana. Por las noches Mario y yo no (2)_____
mucho porque tenemos que estudiar. Tú (3)_____ cómo estamos,
¿no? Yo (4)_____ que los exámenes serán (will be) muy difíciles.
Tengo muchas ganas de volver al pueblo este verano. Cuando
(5)_____ al pueblo puedo descansar. Yo (6)_____ el
pueblo a la ciudad. (7)_____ terminar los exámenes y empezar
las vacaciones. Si (If) mis padres compran pasajes (tickets) de autobús,
(8)_____ pasar el fin de semana contigo. Mario y yo
(9)_____ al fútbol en nuestros ratos libres.

Nos vemos,
Paco

© by Vista Higher Learning, Inc. All rights reserved.

4.2 Stem-changing verbs: **e:ie, o:ue**

1 Identificar Listen to each sentence and write the infinitive form of the verb you hear.

> **modelo**
> *You hear:* No entiendo el problema.
> *You write: entender*

1. _____   4. _____   7. _____

2. _____   5. _____   8. _____

3. _____   6. _____

2 Preguntas Answer each question you hear using the cue. Repeat the correct response after the speaker.

> **modelo**
> *You hear:* ¿A qué hora comienza el partido?
> *You see:* 2:15 p.m.
> *You say: El partido comienza a las dos y cuarto de la tarde.*

1. el jueves, (nosotros)   3. sí   5. leer una revista, (yo)   7. a las tres, (nosotros)
2. no, (yo)   4. sí, (ustedes)   6. mirar la televisión   8. Samuel

3 Diversiones Look at these listings from the entertainment section in a newspaper. Then listen to the questions and write the answers.

23D

MÚSICA
Palacio de Bellas Artes
Ballet folclórico
Viernes 9, 8:30 p.m.

Bosque de Chapultepec
Concierto de música mexicana
Domingo 11, 1:00 p.m.

MUSEOS
Museo de Arte Moderno

Pinturas de José Clemente Orozco
De martes a domingo,
de 10:00 a.m. a 6:00 p.m.
Entrada libre

DEPORTES
Copa Internacional de Fútbol
México vs. Guatemala
Estadio Martín
Viernes 9, 8:30 p.m.

Campeonato de baloncesto
Los Universitarios vs. Los Toros
Gimnasio Municipal
Sábado 10, 7:30 p.m.

Torneo de Golf
con Lee Treviño
Club de Golf Atlas
Domingo 11, 9:00 a.m.

1. _____
2. _____
3. _____
4. _____
5. _____

© by Vista Higher Learning, Inc. All rights reserved.

Audio Activities

Communication Activities

estructura 4.2

Estudiante 1

6 **Situación** (student text p. 132) You and your partner each have a partially illustrated itinerary of a city tour. Complete the itineraries by asking each other questions using the verbs in the captions and vocabulary you have learned.

> **modelo**
>
> **Estudiante 1:** Por la mañana, empiezan en el café.
> **Estudiante 2:** Y luego…

Vocabulario útil

después *afterwards*	por la mañana *in the morning*
luego *later*	por la noche *at night*
más tarde *later*	por la tarde *in the afternoon*

empezar

querer

almorzar

mostrar

volver

© by Vista Higher Learning, Inc. All rights reserved.

estructura 4.2

Estudiante 2

6 **Situación** (student text p. 132) You and your partner each have a partially illustrated itinerary of a city tour. Complete the itineraries by asking each other questions using the verbs in the captions and vocabulary you have learned.

> **modelo**
> **Estudiante 1:** Por la mañana, empiezan en el café.
> **Estudiante 2:** Y luego…

Vocabulario útil

después *afterwards*	por la mañana *in the morning*
luego *later*	por la noche *at night*
más tarde *later*	por la tarde *in the afternoon*

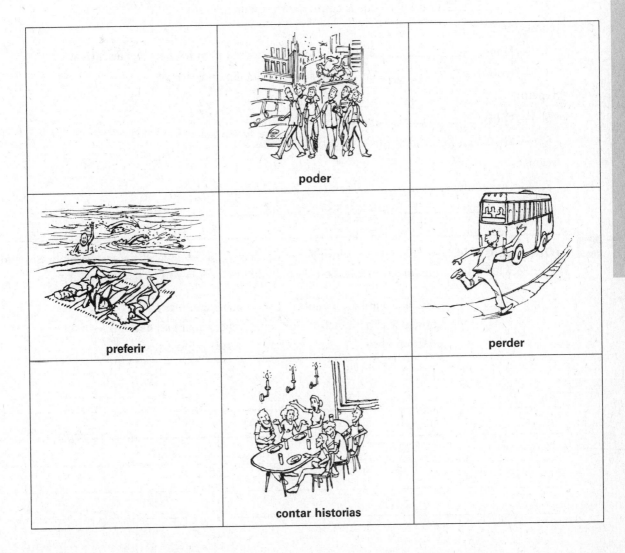

poder

preferir

perder

contar historias

4.3 Stem-changing verbs: **e:i**

1 **En el cine** Amalia and her brothers are going to the movies. Complete the story using the correct form of the verb provided.

1. Al entrar al cine, mis hermanos _____ (pedir) una soda.

2. Mis hermanos _____ (decir) que prefieren las películas de acción.

3. Nosotros _____ (pedir) ver la película de las seis y media.

4. Mis hermanos y yo _____ (conseguir) entradas (*tickets*) para estudiantes.

5. Yo _____ (repetir) el diálogo para mis hermanos.

6. Mis hermanos son pequeños y no _____ (seguir) bien la trama (*plot*) de la película.

2 **Conversaciones** Complete these conversations with the correct form of the verbs in parentheses.

(pedir)

1. —¿Qué _____ en la biblioteca, José?

2. — _____ un libro que necesito para el examen.

(conseguir)

3. —¿Dónde _____ ustedes las entradas (*tickets*) para los partidos de fútbol?

4. —Nosotros _____ las entradas en una oficina de la escuela.

(repetir)

5. —¿Quién _____ la excursión?

6. —Yo _____, me gusta mucho ese pueblo.

(seguir)

7. —¿Qué equipo _____ Manuel y Pedro?

8. —Pedro _____ a los Red Sox y Manuel _____ a los Yankees de Nueva York.

3 **¿Qué haces?** Imagine that you are writing in your diary. Choose at least five of these phrases and describe what you do on any given day. You should add any details you feel are necessary.

conseguir hablar español	pedir una pizza
conseguir el periódico	repetir una pregunta
pedir un libro	seguir las instrucciones

_____
_____
_____
_____
_____

  © by Vista Higher Learning, Inc. All rights reserved.

4 **La película** Read the paragraph. Then answer the questions using complete sentences.

Gastón y Lucía leen el periódico y deciden ir al cine. Un crítico dice que *Una noche en el centro* es buena. Ellos siguen la recomendación. Quieren conseguir entradas (*tickets*) para estudiantes, que son más baratas. Para conseguir entradas para estudiantes, deben ir a la oficina de la escuela antes de las seis de la tarde. La oficina cierra a las seis. Ellos corren para llegar a tiempo. Cuando ellos llegan, la oficina está cerrada y la secretaria está afuera (*outside*). Ellos le piden un favor a la secretaria. Explican que no tienen mucho dinero y necesitan entradas para estudiantes. La secretaria sonríe (*smiles*) y dice: "Está bien, pero es la última vez (*last time*)".

1. ¿Qué deciden hacer Gastón y Lucía?

_____

2. ¿De quién siguen la recomendación?

_____

3. ¿Por qué Gastón y Lucía quieren conseguir entradas para estudiantes?

_____

4. ¿Cómo y cuándo pueden conseguir entradas para estudiantes?

_____

5. ¿Qué ocurre cuando llegan a la oficina de la escuela?

_____

_____

6. ¿Qué le piden a la secretaria? ¿Crees que ellos consiguen las entradas?

_____

_____

_____

5 **Preguntas** Answer these questions, using complete sentences.

1. ¿Cómo consigues buenas calificaciones (*grades*)?

_____

2. ¿Dónde pides pizza?

_____

3. ¿Sigues a algún (*any*) equipo deportivo? ¿A cuál(es)?

_____

4. ¿Qué dicen tus padres si no consigues buenas calificaciones?

_____

5. ¿Qué programas repiten en la televisión?

_____

© by Vista Higher Learning, Inc. All rights reserved.

4.3 Stem-changing verbs: **e:i**

1   **Completar** Listen to this radio broadcast and fill in the missing words.

Este fin de semana los excursionistas (*hikers*) (1) _____ más senderos (*trails*).

Dicen que ir de (2) _____ a las montañas es una (3) _____

muy popular y (4) _____ que (5) _____ más senderos. Si lo

(6) _____, la gente va a (7) _____ muy feliz. Si no, ustedes

pueden (8) _____ la historia aquí, en Radio Montaña.

2   **Escoger** Listen to each question and choose the most logical response.

1. a. Normalmente pido tacos.   b. Voy al restaurante los lunes.
2. a. Consigo novelas en la biblioteca.   b. Consigo revistas en el centro.
3. a. Repiten la película el sábado.   b. No deseo ver la película.
4. a. Sigue un programa de baloncesto.   b. No, prefiere bucear.
5. a. Nunca pido pizza.   b. Nunca pido perdón.
6. a. Prefiere visitar un monumento.   b. Prefiere buscar en la biblioteca.
7. a. ¿Quién fue el primer presidente?   b. A las cuatro de la tarde.
8. a. Sí, es muy interesante.   b. Sí, mi hermano juega.

3   **Conversación** Listen to the conversation and answer the questions.

1. ¿Qué quiere Paola?

   _____

2. ¿Por qué repite Paola las palabras?

   _____

3. ¿Hace Miguel el favor que pide Paola?

   _____

4. ¿Dónde puede conseguir la revista?

   _____

© by Vista Higher Learning, Inc. All rights reserved.

estructura 4.3

Comunicación

4 **¿Quien?** (student text p. 134) Walk around the room and talk to your classmates until you find someone who does each of these activities. Use **e:ie, o:ue,** and **e:i** stem-changing verbs.

> **modelo**
> **pedir consejos con frecuencia**
> **Estudiante 1:** ¿Pides consejos con frecuencia?
> **Estudiante 2:** No, no pido consejos con frecuencia.
> **Estudiante 3:** Sí, pido consejos con frecuencia. *(Write students' names.)*

Actividades	¿Quién?
1. conseguir entradas gratis (*free*) para conciertos	
2. pedir consejos (*advice*) con frecuencia	
3. volver tarde a casa	
4. preferir leer en el gimnasio	
5. seguir las instrucciones de un manual	
6. perder el teléfono celular (*cell phone*) con frecuencia	

© by Vista Higher Learning, Inc. All rights reserved.

4.4 Verbs with irregular **yo** forms

1 **Hago muchas cosas** Complete each sentence by choosing the best verb and writing its correct form.

1. (Yo) _____ un disco de música latina. (oír, suponer, salir)

2. (Yo) _____ la hamburguesa y la soda sobre la mesa. (poner, oír, suponer)

3. (Yo) _____ la tarea porque hay un examen mañana. (salir, hacer, suponer)

4. (Yo) _____ a mi sobrina a mi clase de baile. (traer, salir, hacer)

5. (Yo) _____ una película sobre un gran equipo de béisbol. (salir, suponer, ver)

6. (Yo) _____ a bailar los jueves por la noche. (ver, salir, traer)

7. (Yo) _____ que la película es buena, pero no estoy seguro (*sure*). (oír, ver, suponer)

8. (Yo) _____ mi computadora portátil (*laptop*) a clase en la mochila. (traer, salir, hacer)

2 **Completar** Complete these sentences with the correct verb. Use each verb in the **yo** form once.

hacer	suponer
oír	traer
salir	ver

1. _____ para la clase a las dos.

2. Los martes _____ mi computadora portátil a la escuela.

3. _____ que me gusta trabajar los sábados por la mañana.

4. Por las mañanas, _____ música en la radio.

5. Cuando tengo hambre, _____ un sándwich.

6. Para descansar, _____ películas en la televisión.

3 **Preguntas** Answer these questions, using complete sentences.

1. ¿Adónde sales con tus amigos/as?

_____

2. ¿Ves partidos de béisbol todos los fines de semana?

_____

3. ¿Oyes música clásica?

_____

4. ¿Traes una computadora portátil a clase?

_____

5. ¿Cómo supones que va a ser el examen de español?

_____

6. ¿Cuándo sales a comer?

_____

© by Vista Higher Learning, Inc. All rights reserved.

4 **La descripción** Read this description of Marisol. Then imagine that you are Marisol, and write a description of yourself based on the information you read. The first sentence has been done for you.

Marisol es estudiante de la escuela Central. Hace sus tareas todas (*every*) las tardes y sale con sus amigas a pasear por la ciudad. Los fines de semana, Marisol va a casa de sus abuelos a descansar, pero (*but*) trae sus libros. En los ratos libres, oye música o ve una película en el cine. Si hay un partido de fútbol, Marisol pone la televisión y ve los partidos con su papá. Hace algo (*something*) de comer y pone la mesa (*sets the table*).

Soy estudiante de la escuela Central. _____

_____

_____

_____

_____

_____

_____

_____

Síntesis

Interview a classmate about his or her pastimes, weekend activities, and favorite sports. Use these questions as guidelines, and prepare several more before the interview. Then, write up the interview in a question-and-answer format, faithfully reporting your classmate's responses. Use lesson vocabulary, stem-changing verbs, and the present tense of **ir**.

- ¿Cuáles son tus pasatiempos? ¿Dónde los practicas?

- ¿Cuál es tu deporte favorito? ¿Practicas ese (*that*) deporte? ¿Eres un(a) gran aficionado/a? ¿Tu equipo favorito pierde muchas veces? ¿Quién es tu jugador(a) favorito/a?

- ¿Adónde vas los fines de semana? ¿Qué piensas hacer este (*this*) viernes?

- ¿Duermes mucho los fines de semana? ¿A qué hora vuelves a casa?

_____

_____

_____

_____

_____

4.4 Verbs with irregular **yo** forms

1 **Describir** For each drawing, you will hear two statements. Choose the one that corresponds to the drawing.

1. a. _____   b. _____   2. a. _____   b. _____

3. a. _____   b. _____   4. a. _____   b. _____

2 **Yo también** Listen to the following statements about Roberto and respond by saying that you do the same things. Repeat the correct answer after the speaker. (*5 items*)

> **modelo**
> Roberto siempre (*always*) hace ejercicio (*exercise*).
> Yo también hago ejercicio.

3 **Completar** Listen to this telephone conversation and complete the statements.

1. Cristina ve _____.

2. Manuel y Ricardo quieren ir al parque para _____.

3. Manuel y Ricardo _____ las pelotas.

4. Manuel _____ la hora porque Cristina no _____.

5. Los chicos salen para el parque _____.

vocabulario

You will now hear the vocabulary found in your textbook on the last page of this lesson. Listen and repeat each Spanish word or phrase after the speaker.

© by Vista Higher Learning, Inc. All rights reserved.

escritura

Estrategia
Using a dictionary

A common mistake made by beginning language learners is to embrace the dictionary as the ultimate resource for reading, writing, and speaking. While it is true that the dictionary is a useful tool that can provide valuable information about vocabulary, using the dictionary correctly requires that you understand the elements of each entry.

If you glance at a Spanish-English dictionary, you will notice that its format is similar to that of an English dictionary. The word is listed first, usually followed by its pronunciation. Then come the definitions, organized by parts of speech. Sometimes the most frequently used definitions are listed first.

To find the best word for your needs, you should refer to the abbreviations and the explanatory notes that appear next to the entries. For example, imagine that you are writing about your pastimes. You want to write, "I want to buy a new racket for my match tomorrow," but you don't know the Spanish word for "racket." In the dictionary, you may find an entry like this:

racket s 1. alboroto; 2. raqueta (*dep.*)

The abbreviation key at the front of the dictionary says that *s* corresponds to **sustantivo** (*noun*). Then, the first word you see is **alboroto**. The definition of **alboroto** is *noise* or *racket*, so **alboroto** is probably not the word you're looking for. The second word is **raqueta**, followed by the abbreviation *dep.*, which stands for **deportes**. This indicates that the word **raqueta** is the best choice for your needs.

Tema
Escribir un folleto

Antes de escribir

1. You are going to choose one of the following topics to use while creating a pamphlet. Read the three choices and decide which one you will choose.

   ▶ You are on the Homecoming Committee at your school this year. Create a pamphlet that lists events for Friday night, Saturday, and Sunday. Include a brief description of each event and its time and location. Include activities for different age groups, since some alumni will bring their families.

   ▶ You are on the Freshman Student Orientation Committee and are in charge of creating a pamphlet for new students that describes the sports offered at your school. Write the flyer, including a variety of activities.

   ▶ You volunteer at your community's recreation center. It is your job to market your community to potential residents. Write a brief pamphlet that describes the recreational opportunities your community provides, the areas where the activities take place, and the costs, if any. Be sure to include activities that will appeal to singles as well as couples and families; you should include activities for all age groups and for both men and women.

2. Once you have chosen your topic, reread it and think about the vocabulary you will need to write about this topic. Use the chart below to jot down all the words in Spanish that you can think of that are related to the topic. Then, review the end vocabulary lists in your textbook for **Lecciones 1–4**. Add any words from those lists that you think might be useful. Finally, look at the words you have written down. Are there any key words you can think of in English that you would like to use in Spanish? Create a list of key words you need to look up in a dictionary.

Spanish words related to topic	Additional Spanish words from lists	New words I need in Spanish
		English word / Spanish word:

3. Look up your key words in the dictionary, making sure that you follow the procedure described in the **Estrategia** box.

Escribir

Write your pamphlet. As you write, refer to the vocabulary chart you created. Since you are writing a pamphlet, make sure you create one major title for the front. Then create sections within your text and give them subtitles, such as **Friday Night, Saturday, Sunday, Sports for Boys, Sports for Girls, Recreational Opportunities, Location, Costs**, etc. If you want to add a drawing or a downloaded photo or other graphic, feel free to do so, but make sure it illustrates something in the text nearby.

Después de escribir

1. Exchange rough drafts with a partner. Comment on his or her work by answering the following questions:

   ▶ Did your partner thoroughly cover the topic he or she chose for the pamphlet?
   ▶ Did your partner give the pamphlet a main title and include a subtitle for each section of text?
   ▶ If your partner included visuals, do they illustrate the text near them?
   ▶ Did your partner use appropriate vocabulary to describe the topic?
   ▶ Did your partner use present tense verb forms correctly?

2. Revise your pamphlet according to your partner's comments. After writing the final version, read it one more time to eliminate these kinds of problems:

   ▶ spelling errrors
   ▶ punctuation errors
   ▶ capitalization errors
   ▶ use of the wrong present tense verb forms
   ▶ adjectives that do not agree with the nouns they modify

© by Vista Higher Learning, Inc. All rights reserved.

¡Fútbol en España!

Lección 4

Antes de ver el video

1 **Más vocabulario** Look over these useful words before you watch the video.

Vocabulario útil		
la afición *fans*	nunca *never*	seguro/a *sure*
más allá *beyond*	se junta (con) *is intertwined (with)*	la válvula de escape *outlet*

2 **¡En español!** Look at the video still. Imagine what Mari Carmen will say about soccer in Spain, and write a two- or three-sentence introduction to this episode.

Mari Carmen Ortiz, Barcelona

¡Hola, amigos! ¡Bienvenidos a *Flash cultura*! Hoy vamos a

hablar de... _____

_____

_____

_____

_____

Mientras ves el video

3 **Identificar** You might see any of these actions in a video about soccer in Spain. Check off the items you see in this episode.

___ a. celebrar un gol (*goal*)   ___ d. hablar con un jugador famoso   ___ f. pasear en bicicleta

___ b. comer churros   ___ e. jugar al fútbol   ___ g. celebrar en las calles (*streets*)

___ c. ganar un premio (*award*)   ___ h. jugar al fútbol americano

4 **Emparejar** Indicate which teams these people are affiliated with.

1.

○ Barça

○ Real Madrid

○ no corresponde

2.

○ Barça

○ Real Madrid

○ no corresponde

3.

○ Barça

○ Real Madrid

○ no corresponde

© by Vista Higher Learning, Inc. All rights reserved.

Video Activities: *Flash cultura*

Después de ver el video

5 **Completar** Complete each statement with the correct option.

aficionados al fútbol	churros	estadio	gol	Red Sox

1. En España hay muchos _____.

2. Camp Nou es un _____ en Barcelona.

3. La rivalidad entre el Barça y el Real Madrid es comparable con la rivalidad entre los Yankees y

   los _____ en béisbol.

4. Mari Carmen compra _____.

6 **Aficionados** Who are these fans? Imagine what they would say if they introduced themselves. Write information like their name, age, origin, team affiliation, and any other details that come to mind.

> **modelo**
>
> **Aficionado:** ¡Hola! Soy José Artigas y soy de Madrid. Mi equipo favorito es el Real Madrid. Miro todos los partidos en el estadio. ¡VIVA EL REAL MADRID! ¡Nunca pierde!

_____
_____
_____
_____
_____
_____
_____
_____
_____

7 **Un futbolista** Imagine that you are Mari Carmen and you decide to interview a famous soccer player in Spain. Write five questions you would ask him.

> **modelo**
>
> ¿Dónde prefieres vivir?

_____
_____
_____
_____

 © by Vista Higher Learning, Inc. All rights reserved.

panorama

México

1 **Palabras** Use the clues to put the letters in order.

1. MGEÓINARIC _____
   resultado de la proximidad geográfica de México y los EE.UU.

2. ÍAD ED RMOTESU _____
   celebración en honor a las personas muertas

3. ALUJDAAAGRA _____
   ciudad número dos de México en población

4. ONETBI RZUEÁJ _____
   héroe nacional de México

5. CÁUNYAT _____
   península mexicana

6. ARSISTUT _____
   el D.F. atrae a miles de ellos

7. RADIF OKLAH _____
   la esposa de Diego Rivera

8. NGADORU _____
   estado mexicano que produce mucha plata

2 **¿Cierto o falso?** Indicate if each statement is **cierto** or **falso**. Then correct the false statements.

1. El área de México es casi dos veces el área de Texas.

   _____

2. Octavio Paz era *(was)* un célebre periodista y narrador mexicano.

   _____

3. La geografía de México influye en aspectos económicos y sociales.

   _____

4. No hay mucho crecimiento en la población del D.F.

   _____

5. Frida Kahlo y Diego Rivera eran *(were)* escritores.

   _____

6. El fin del imperio azteca comenzó *(started)* con la llegada *(arrival)* de los españoles en 1519.

   _____

7. Los turistas van a Guadalajara a ver las ruinas de Tenochtitlán.

   _____

8. México es el mayor productor de plata en el mundo.

   _____

© by Vista Higher Learning, Inc. All rights reserved.

3 **Completar** Complete these sentences with the correct words.

1. México está localizado geográficamente al _____ de los Estados Unidos.

2. Hoy en día hay _____ de personas de ascendencia mexicana en los Estados Unidos.

3. Los idiomas que se hablan en México son el español, el _____ y otras lenguas indígenas.

4. Frida Kahlo, esposa del artista _____, es conocida por sus autorretratos (*self-portraits*).

5. El imperio _____ dominó México del siglo (*century*) XIV al siglo XVI.

6. El Día de Muertos se celebra en los _____.

4 **¿Qué hacen?** Write sentences using these cues and adding what you learned in **Panorama**.

1. la tercera (*third*) ciudad de México en población / ser

_____

2. la moneda mexicana / ser

_____

3. el Distrito Federal / atraer (*to attract*)

_____

4. muchos turistas / ir a ver las ruinas de

_____

5. el D.F. / tener una población mayor que las de

_____

6. tú / poder / ver / las obras de Diego Rivera y Frida Kahlo en

_____

5 **Preguntas** Answer these questions in complete sentences.

1. ¿Cuáles son las cinco ciudades más importantes de México?

_____

2. ¿Quiénes son seis mexicanos célebres?

_____

3. ¿Qué países hacen frontera (*border*) con México?

_____

4. ¿Cuál es un río importante de México?

_____

5. ¿Cuáles son dos sierras importantes de México?

_____

6. ¿Qué ciudad mexicana importante está en la frontera con los EE.UU.?

_____

7. ¿En qué siglo fue (*was*) fundada la Ciudad de México?

_____

     © by Vista Higher Learning, Inc. All rights reserved.

Panorama: México

Antes de ver el video

1 **Más vocabulario** Look over these useful words before you watch the video.

Vocabulario útil			
día *day*	estos *these*	gente *people*	sentir *to feel*
energía *energy*	fiesta *party, celebration*	para *to*	valle *valley*

2 **Describir** In this video, you will learn about the archeological ruins of Teotihuacán where the celebration of the equinox takes place every year. Do you know what the equinox is? In English, try to write a description.

equinoccio: _____

_____

3 **Categorías** Categorize the words listed in the word bank.

arqueológicos	gente	increíble	mexicanos	Teotihuacán
capital mexicana	hacen	interesante	moderno	tienen
celebrar	hombres	jóvenes	mujeres	Valle de México
ciudad	importante	Latinoamérica	niños	van
escalar				

Lugares	Personas	Verbos	Adjetivos

Mientras ves el video

4 **Marcar** Check off the pastimes you see while watching the video.

_____ 1. pasear   _____ 4. escalar (pirámides)   _____ 7. visitar monumentos

_____ 2. nadar   _____ 5. tomar el sol   _____ 8. bucear

_____ 3. patinar   _____ 6. ver películas

© by Vista Higher Learning, Inc. All rights reserved.

Después de ver el video

5 **Completar** Fill in the blanks with the appropriate word(s).

la capital mexicana	muy interesante
la celebración del equinoccio	pasean
celebrar	sentir
comienzan	sol
manos	el Valle de México

1. Teotihuacán está a cincuenta kilómetros de _____.

2. A _____ van muchos grupos de música tradicional.

3. Todos quieren _____ la energía del sol en sus _____.

4. Ir a las pirámides de Teotihuacán es una experiencia _____.

5. Las personas _____ por las ruinas.

6 **¿Cierto o falso?** Indicate whether each statement is **cierto** or **falso**. Correct the false statements.

1. Las pirámides de Teotihuacán están lejos del Valle de México.

_____

2. Muchas personas van a Teotihuacán todos los años para celebrar el equinoccio.

_____

3. Turistas de muchas nacionalidades van a la celebración.

_____

4. La gente prefiere ir a Teotihuacán los martes.

_____

5. La celebración del equinoccio termina a las cinco de la mañana.

_____

6. Las personas celebran la energía que reciben de Teotihuacán todos los años.

_____

7 **Foto** Describe the video still. Write at least three sentences in Spanish.

_____

_____

_____

_____

_____

  © by Vista Higher Learning, Inc. All rights reserved.

Credits

Every effort has been made to trace the copyright holders of the works published herein. If proper copyright acknowledgment has not been made, please contact the publisher and we will correct the information in future printings.

Photography and Art Credits

All images © Vista Higher Learning unless otherwise noted.

Cuaderno de práctica y actividades comunicativas: 57: (l) Katie Wade; (m) Darren Baker/Shutterstock; (r) José Blanco; **69:** Martín Bernetti; **89:** (tl) Lauren Krolick; (bl) Martín Bernetti; (r) Ivan Mejia; **94:** Martín Bernetti; **96:** Martín Bernetti.